増補新版

たかこさんの
バターを使わない
粉ものお菓子

稲田多佳子

作りやすくて
軽い味わいが嬉しい
112レシピ

はじめに

毎日作って毎日食べても飽きることがないのが、
スコーンやマフィン、クッキー、パンといった粉のお菓子たちです。
素朴でナチュラルで、それでいて深い味わいに溢れた粉のお菓子を
3時のおやつだけじゃなく、食事や小さなおもてなしに、
さまざまなテーブルシーンに取り入れて
もっと身近に、もっと自由に楽しんでもらうことができたらいいな。
そんな風に思ってご紹介するのが、"バターを使わずに作る"粉ものレシピです。

以前、出版させていただいた『たかこさんの粉ものお菓子』と
『たかこさんのクイックブレッド&ケーキ』という2冊から
作りやすいバター不使用のレシピをピックアップし、
新たにパイとタルトのレシピや、そのほかバリエーションレシピを多数加え、
より充実した一冊に生まれ変わりました。

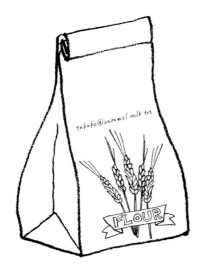  

"バターを使わない" ということは、
バターを溶かしたり、室温に戻したり、泡立てたりなどの手間が要らないということ。
油脂分には、手に取ってそのままさっと使える植物性のオイルをメインにしているので
生地作りが本当に簡単かつ、スピーディーです。

風味を考えるとお菓子作りにバターはやっぱり不可欠なのでは？
なんて、心配しなくても大丈夫。
牛乳やヨーグルト、生クリームなどの扱いやすい乳製品を材料として加え、
ふんわりとしたミルキーな味わいも、ちゃんと活かしています。
また、ナッツのパウダーなどを使えば十分なコクが得られますし、
オイルだって、バターに負けず劣らず、繊細な風味や際立つ個性を持つものがいろいろあります。

バターの代用ではなく、オイルを使っておいしく作りましょう、という積極的な気持ちを込めたレシピ。
どのカテゴリも、甘いスイートタイプと塩気のあるブランチタイプの2タイプを、展開しました。

粉ものお菓子のある暮らしの楽しみを、
私と同じ粉好きなたくさんの方とシェアできれば嬉しく思います。
どうぞ気軽に、たくさん焼いてみてくださいね。

稲田多佳子

もくじ

はじめに……2
粉について……6
油分について……7
そのほかの材料……8
使用する道具……9
あると便利な道具／レシピの決まり……11

SCONE　スコーン　12

TYPE 1　スタンダード
Brunch ① ブランチプレーン……13
② 全粒粉のスコーン……14
③ 胡麻スコーン……15
④ ハーブのスコーン……16
⑤ ひよこ豆のスコーン……17
Sweet ① スイートプレーン……18
② チョコチップスコーン……19
③ ピーナッツバターのスコーン……20
④ くるみといちじくのスコーン……21

TYPE 2　小さく焼くスコーン
Brunch ① ブランチプレーン……22
② パセリとパルメザンのスコーン……23
③ ブラックオリーブとアンチョビのスコーン……23
Sweet ① かぼちゃとシナモンのスコーン……24
② きなことホワイトチョコのスコーン……25
③ スコーンシトロン……25

TYPE 3　大きく焼くスコーン
Brunch ① ブランチプレーン……26
② 粒コーンのスコーン……27
③ ポテトとローズマリーのスコーン……28
Sweet ① ブラウンシュガーとけしの実のスコーン……29
② さつまいもと甘納豆と胡麻のスコーン……29

MUFFIN & CAKE　マフィン&ケーキ　30

TYPE 1　スタンダード
Sweet ① スイートプレーン……31
② レーズンマフィン＋ミルクアイシング……32
③ ココアとチョコチップのマフィン……33
④ マンゴーとチーズのマフィン……33
Brunch ① ブランチプレーン……34
② ツナ&マヨネーズのマフィン……36
③ コーンマフィン……36
④ シードミックスマフィン……37
⑤ ブロッコリーとアンチョビのマフィン……37
⑥ ハムのマフィンケーキ……38
⑦ きのことサラミのマフィンケーキ……39
⑧ ちりめんじゃことねぎのマフィンケーキ……39
⑨ カマンベールとくるみのマフィン……40
⑩ アボカドとツナのマフィン……40
⑪ かぼちゃとブロッコリーと赤ピーマンのマフィンケーキ……41
⑫ キャベツとソーセージのカレーマフィン……42
⑬ アスパラガスと生ハムチーズのマフィン……42
⑭ マルチシリアルとくるみ、ゴーダチーズのマフィン……43

TYPE 2　シフォンマフィン
Sweet ① スイートプレーン……44
② 紅茶のマフィン……45
③ バナナマフィン……46
④ ブルーベリーマフィン……47
⑤ レモンとホワイトチョコのマフィン……47

TYPE 3　スクエアケーキ
Sweet ① スイートプレーン……48
② ミックスベリーのケーキ……49
③ さつまいものケーキ……50
④ 黒糖とラムのケーキ……50
⑤ オレンジピールのケーキ……51
⑥ ピーカンナッツとコーヒーマーブルのケーキ……51

PIE & TART 52

TYPE 1 スイートタルト
- Sweet ① スイートプレーン……53
- ② ダークチェリーのタルト……54
- ③ ココナッツとコーヒーのタルト……55
- ④ チーズクリームのタルト……56
- ⑤ ジャムのタルト……57

TYPE 2 ブランチパイ
- Brunch ① オニオンパイ……58
- ② 長ねぎとカマンベールのパイ……59
- ③ ズッキーニとソーセージのパイ……60
- ④ たらことツナのパイ……61

COOKIE 62
- Sweet ① スイートプレーン……63
- ② 黒糖とマカダミアナッツのクッキー……64
- ③ ほうじ茶クッキー……65
- ④ ヘーゼルナッツのクッキー……65
- ⑤ ココアクッキー……66
- Brunch ① ミックスペッパーのクッキー……67
- ② 金胡麻のクッキー……68
- ③ ローストオニオンのクッキー……68
- ④ ハーブクッキー……69
- ⑤ エダムチーズのクッキー……69

EASY BREAD 70

TYPE 1 スクエアブレッド
- Brunch ① ブランチプレーン……71
- ② かぼちゃブレッド……72
- ③ トマトとダブルチーズのブレッド……73
- ④ オリーブとフライドオニオンのブレッド……74
- ⑤ ポテトとバジルのブレッド……75
- Sweet ① 紅茶ブレッド＋リキュールアイシング……76
- ② アーモンドブレッド……77

TYPE 2 パンスコーン
- Brunch ① ブランチプレーン……78
- ② くるみのパンスコーン……80
- ③ コーンミールのパンスコーン……81
- Sweet ① ココアのパンスコーン……82
- ② フルーツミックスのパンスコーン……83

STEAMED BREAD 84
- Sweet ① スイートプレーン……85
- ② りんごの蒸しパン……86
- ③ 粒あんの蒸しパン……87
- ④ コーヒーメープルの蒸しパン……88
- ⑤ 抹茶とうぐいす豆の蒸しパン……88
- Brunch ① ブランチプレーン……89
- ② ドライカレーの蒸しパン……90
- ③ ポテトとベーコンの蒸しパン……91
- ④ きのこクリームの蒸しパン……91
- ⑤ カマンベールと黒こしょうの蒸しパン……92
- ⑥ にんじん蒸しパン……92
- ⑦ たまごチーズ蒸しパン……93
- ⑧ 煮豚入り蒸しパン……94
- ⑨ 高菜とナスの蒸しパン……95
- ⑩ コンビーフエッグ蒸しパン……95

PANCAKE 96
- Sweet ① スイートプレーン……97
- ② ダブルベリーのショートケーキ仕立て……98
- ③ ラムレーズンパンケーキ＆アイスクリーム＆ベイリーズ……98
- ④ カラメルオレンジソース添え……99
- ⑤ 栗のオムレット……99
- Brunch ① ブランチプレーン……100
- ② ソーセージとサルサソースのせ……101
- ③ スモークサーモンとカマンベールのおつまみパンケーキ……102
- ④ サバとオイルサーディンの素朴なリエットのせ……103

CREPE 104
- Sweet ① スイートプレーン……105
- ② チョコクリームクレープのアイスクリーム添え……106
- ③ バナナソテーと生クリーム添え……106
- ④ ピーナッツバタークリームとナッツのクレープ……107
- ⑤ フレッシュストロベリーソース添え……107
- Brunch ① ブランチプレーン……108
- ② 焼きトマトのガレット風……109
- ③ キャベツとベーコン、目玉焼き添え……109

---

column
ブランチマフィンの焼き方アイデア……35
パンスコーンの焼き方アイデア……79
蒸し方アイデア……85

おわりに……110

粉について

お菓子やパンのベースとなり、生地の味わいを支える粉類。
主として欠かせない薄力粉と強力粉のほか、
とうもろこしなどの野菜やナッツから作られたもの、米を細かく挽いて粉にしたもの、
コーンスターチや片栗粉などのでんぷん類など、その種類はさまざま。
作るものの種類に応じた風味のよい粉を選び、できるだけ新鮮なうちに使い切ることを心掛けましょう。

薄力粉・強力粉

一般的に小麦粉は、含まれるたんぱく質の量で分類されます。薄力粉は、軟質の小麦を挽いた、たんぱく質の量が少ない粉。こねても粘りが出にくいため、ソフトで軽い食感に仕上げたいお菓子に向いています。強力粉は、硬質の小麦を挽いた、たんぱく質の量が多い粉。弾力、のび、粘りが強いため、イーストを使ったパン作りによく使われます。これら2種類の粉をブレンドして、生地感をイメージする風味や口当たりに近づける、というような使い方も面白い。私がよく使っている薄力粉は、クッキーやタルトなどややしっかりとした生地のお菓子には「ドルチェ」や「エクリチュール」、スポンジ系のふんわり軽いお菓子には「特宝笠」や「スーパーバイオレット」。強力粉は「はるゆたか」や「はるゆたかブレンド」。これに「ゴールデンヨット」などをブレンドし、膨らみをよくしたりもしています。

そのほかの粉

全粒粉
小麦を丸ごと挽いたもので、やや茶色みを帯びています。外皮や胚芽などすべての成分が含まれていて栄養価が高く、ざっくりとした食感があり、香ばしく素朴な風味を持ちます。

アーモンドパウダー
アーモンドを細かく挽いたもの。スイートタイプの粉菓子の一部に配合しています。小麦粉と合わせて使うことで、生地のコクや香り、しっとり感などがアップし、リッチな味わいに。

コーンフラワー
乾燥させたとうもろこしを粉末状に挽いたもの。ブランチタイプの粉菓子の一部に配合し、生地に風味と軽さを与えています。コーンブレッドやトルティーヤなどにもよく使われます。

製菓用米粉
米をごく細かなパウダー状に挽いたもの。小麦粉の一部に置き換えて使用（100％の代替も可能）。口溶けのよさとキメ細かさ、ほんのりとした甘みなど、生地に上品な風合いをもたらします。

油分について

生地に、のびのよさ、なめらかさ、やわらかさ、しっとり感、
さっくり感などをもたらし、コクや風味を与えるなど、重要な働きをする油分。
この本では、作りやすくて味わいの軽やかな粉菓子に仕上げるため、
常温で保存できて、手軽で扱いやすい植物性オイルを主に使っています。
お料理と併用して回転をよくし、酸化していない新鮮なオイルでおいしく作りましょう。

ブランチタイプ

食事用の粉ものでは、ほとんどのレシピでオリーブオイルを使用しています。すっきりとした青い香りやすがすがしい味わいは、塩気のある粉ものにぴったり。私は、オリーブ感を主張しすぎないマイルドなタイプのエキストラヴァージンオリーブオイルを愛用。また、混ぜ込む材料など素材の味を強調したい時には無味無臭のサラダ油（ひまわり油）や太白胡麻油を選ぶことも。もし、お手持ちのオリーブオイルの個性が強すぎる場合は、クセのないサラダ油とブレンドして使うとよいと思います。

スイートタイプ

甘いお菓子を作る時によく使っているのは、アーモンドオイル、グレープシードオイル、サラダ油（ひまわり油）など。香りがやわらかく油っぽさがないもの、純粋で質のよいものを選んでいます。また一方で、ウォールナッツオイルやヘーゼルナッツオイルなど、個性の強いものをチョイスし、香りをお菓子にまとわせても面白いです。レシピでは植物性オイルを「サラダ油」で統一して表記していますが、お好みのものを自由に選んでくださいね。

グレープシードオイル
ぶどうの種子から抽出されるサラリとした質感のクセのないオイル。

サラダ油
オレイン酸が多く含まれているピュアなひまわり油、「オレインリッチ」。

オリーブオイル
フレッシュかつマイルドな「サルバーニョ」。個性の強すぎない使いやすい1本。

太白胡麻油
ほぼ無色無味無臭で上品な胡麻油。お料理のジャンルを問わず万能に使えます。

アーモンドオイル
スイートタイプのお菓子と相性のよいデリケートでやさしい風味を持ちます。

そのほかの材料

卵

生で食べたときに生臭みが少なく、卵の甘さが感じられるもの、白身がこんもりしている新鮮な卵で作ると、やっぱりおいしいお菓子になると感じます。サイズはLを使用しました。全卵1個60g（黄身20g、白身40g）見当です。

砂糖

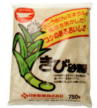

素朴な味わいでアクが少なく、コクのあるきび砂糖と、すっきりクリアな甘みのグラニュー糖を主に使用しています。グラニュー糖は製菓用の目の細かなタイプが断然使いやすい。お菓子に応じて黒砂糖、洗双糖、粉砂糖なども取り入れています。

塩

精製された食塩ではなく、旨みや丸みの感じられる天然の塩がおすすめ。使う分量はほんの少量ですが、こうした小さな部分の選択をおろそかにしないことが、おいしい仕上がりにつながっていくと思います。

乳製品

生クリーム 　プレーンヨーグルト 　スキムミルク 　カッテージチーズ 　サワークリーム 　マスカルポーネチーズ

生地にコクをプラスし、ミルキーでリッチな味わいを与えてくれる乳製品。生クリームは植物性ではなく動物性のもの（乳脂肪分42〜45％程度）、牛乳は成分無調整で適度にコクがあり後味のよいもの、プレーンヨーグルトは酸味の強すぎないマイルドなものを選んでいます。低カロリーであっさりとした味わいのカッテージチーズは、うらごしタイプが便利。マスカルポーネチーズとサワークリームは、スイートタイプのスコーンやスクエアケーキの一部に使用。スキムミルクはいわゆる脱脂粉乳のことで、ミルクの風味を強めたいお菓子に使用しました。

ベーキングパウダー

生地をふっくらと膨らませてくれるベーキングパウダーは、アルミニウムフリーのものが安心。えぐみや苦味がないラムフォード社のものを長年愛用しています。

コーンスターチ

とうもろこしから作られたでんぷん。生地を軽くする、さっくりとした食感を加える、などの目的で、ブランチタイプの蒸しパンで使用しています。

インスタントドライイースト

パン生地を膨らませるイーストは、イージーブレッドで使用。パン焼きが日常的ではない方は、少量ずつ密閉されていて鮮度が保てる分包タイプがおすすめ。

使用する道具

デジタルスケール

デジタルスケールは、本当に便利。1g単位で正確に計量でき、スイッチひとつでゼロを表示するため、スピーディーに作業が進みます。

計量スプーン

計量スプーンの基本は、大さじ1と小さじ1。ほかに、大さじ1/2、小さじ1/2、小さじ1/4などもあると便利です。

ボウル

作る分量に見合ったサイズのボウルを選びましょう。丈夫なステンレス製、持ち手がついているタイプは作業しやすく、よく手に取ります。

スコーンやイージーブレッドを手でまとめる場合、直径23〜25cm程度のやや大きめが重宝します。プラスチック製も手軽。

粉ふるい

目が大きめのストレーナー（万能ざる）。目詰まりしやすい粒子の粗いアーモンドパウダーや全粒粉などをふるうときに使います。

片手でカシャカシャとハンドルを握るだけ、粉も飛び散りにくいシフター。主に小麦粉など、粒子の細かい粉類をふるうときに便利。

泡立て器

この本では長さ21cmの大きすぎないサイズの泡立て器をよく使いました。また、小さなものも持っていると小回りが利きます。

メレンゲ作りや卵をふんわりと泡立てるときには、ハンドミキサーが威力を発揮します。パワフルなクイジナート社のものを愛用。

ゴムベラ、カード、めん棒

耐熱性のあるシリコン樹脂製のゴムベラ。ヘラと柄の部分が一体型だとお手入れもしやすく衛生的です。

カードはプラスチック製の薄い板。生地を切り混ぜたり、まとめたり、切り分けたりと用途が多いので、ぜひ1枚持っていて。

太くてやや重量感のある長めのめん棒は、生地を均一にのばしやすい。軽くて短いものは小さなお菓子の成形時などに重宝します。

型

ココット
蒸しパンで使用。白、黒ともに陶器製で直径約7cm。マフィン型としても使えます。

マフィン型
直径7cmのマフィンが6個焼けるポピュラーな型。同サイズのプリン型や、そのまま焼ける紙製のマフィンカップを使っても。

パウンド型
16×7.6×7.5cm、マトファーのケーキドロワ。焼き上がりは低くなりますが18～21cmのパウンド型でも代用可能。

丸型
直径15cm、底が取れるタイプの丸型。タルトで使用。蒸しパンを蒸す際には底をアルミ箔で覆うか、底の取れないタイプを使って。

スクエア型
15cm角のスクエア型。スクエアブレッドやケーキ、タルト、蒸しパンなどに使用しました。

紙カップ、オーブンシート

グラシン紙で作られた紙カップ。蒸しパン、マフィンを作る際、ココットやマフィン型に敷いて使用します。

天板や型に敷くオーブンシート。使い捨てですが丈夫なので何度か使えます。ラッピングペーパーとしても活躍。

クレープパン

立ち上がりの浅いクレープパンは、クレープやパンケーキをひっくり返す作業が容易。鉄製のものがおいしく焼けると言われますが、私はやや厚手で樹脂加工されたものを気に入って使っています。

あると便利な道具

作業用シート

シリコン製の大きな作業用シート。敷いておくと作業スペースが汚れにくくなり、生地も扱いやすい。プリントされているガイドラインは成形時の目安にできて便利です。

樹脂加工シート

生地がくっつかないよう天板に敷く、樹脂加工されたオーブンシート。天板の大きさに合わせてカットでき、洗って繰り返し使えるので経済的。

フードプロセッサー

材料をスイッチひとつで素早く均一に処理してくれるから、あっという間にきれいな生地が完成します。クイジナート社製の容量1.9ℓタイプを長く愛用中。

ケーキクーラー

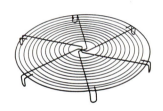

焼き上がったお菓子やパンをこの上にのせて冷まします。網目が細かいものを選ぶと、小さなクッキーも下に落ちません。丸形のほか、四角いものもおすすめ。

ナイフ

おいしくスパッと切り分けたいケーキやパンには、切れ味のよい波刃スライサーを。刃渡り22〜25cmくらいのものが使い勝手がよいです。

レシピの決まり

- レシピ内の大さじ1は15mℓ、小さじ1は15mℓです。
- 卵はLサイズを使用しています。
- 打ち粉は強力粉を使用しています。
- 室温とあるのは20℃前後を意味します。
- フライパンは樹脂加工されたものを使っています。
- 特に記載のない場合、電子レンジは500Wを目安にしています。機種によって多少差が出ることがあるので様子を見ながら加減してください。
- オーブンはガスオーブンを使用しています。機種や熱源によって焼き時間が異なる場合もありますので、様子を見ながら加減してください。

スコーン
SCONE

素朴ながら、粉のおいしさをしみじみと味わえるスコーン。さまざまな配合や作り方のものがある中で、この本では、バターのかわりにオリーブオイルや生クリームなど液体の油脂分を主に使い、手間なくスピーディーに、かつおいしく焼き上がるレシピをたくさんご紹介します。どのスコーンも、食べやすい生地で扱いやすいから、四角や三角に形作ったり、型で抜いたり、小さく丸める、大きくまとめて焼くなど、成形のバリエーションで遊ぶ面白さもあります。

焼き立ての手作りスコーンのある朝食や、午後のお茶時間は、おなかも心も満たされて幸せな気持ちになれるもの。簡単なレシピばかりなので、ぜひ気軽に作ってみてくださいね。

Menu

TYPE 1
スタンダード　　　p13

TYPE 2
小さく焼くスコーン　p22

TYPE 3
大きく焼くスコーン　p26

TYPE 1 スタンダード

Brunch 1
ブランチプレーン

いつも台所にあるような、ごくシンプルな材料だけで作る、お食事タイプのプレーンなスコーンです。生地にしっとり感と少しの甘みを加えるためのはちみつは、もしなければ普通のお砂糖でも大丈夫。ベーキングパウダーを控えるなら、小さじ1まで減らしてOKです。香りのよいオリーブオイルを使って、手早くさらっと作りましょう。

材料　6個分
薄力粉……150g
ベーキングパウダー……大さじ½
牛乳……60g
はちみつ……10g
オリーブオイル……35g
塩……小さじ¼
打ち粉用の粉……適量

下準備
● 牛乳は冷蔵庫で冷やしておく。
● 天板にオーブンシートを敷く。
● オーブンを190℃に温める。

作り方
❶ フードプロセッサーに薄力粉、ベーキングパウダー、塩を入れ、3〜5秒回してふるう。オリーブオイルとはちみつを加え、スイッチのオンとオフを繰り返して、オリーブオイルとはちみつと粉類をサラサラの状態に混ぜる(A)。
❷ よく冷えた牛乳を加え、再びスイッチのオンとオフを繰り返す。やっとまとまりかけたくらいになればOK(B)。
❸ 打ち粉をふった台の上に生地を取り出し、数回折りたたむようにして（生地をカードで切っては重ね、手で押してなじませることを2〜3度繰り返しても）(C) 手早くなめらかにととのえながら、手で丸く形作る。1.5〜2cm厚さにのばして平らな円形にしたら、カードや包丁で放射状に6等分する(D)。
❹ 天板に並べ、190℃のオーブンで18〜20分ほど焼く。

フードプロセッサーがない場合
❶ ボウルに薄力粉、ベーキングパウダー、塩をふるい入れる。
❷ オリーブオイルとはちみつを加え、カードなどで切り込むようにしながら粉に混ぜ込み、ある程度細かくなったら手をすり合わせるようにして、ぽろぽろとしたそぼろ状にする(E)。
❸ よく冷えた牛乳の¾量を加え、切り混ぜるようにして生地になじませていく。状態を見ながら、残りの牛乳を足してさっくりと混ぜ、扱いやすい固さに生地をまとめる(F)。これ以降は、上の❸からと同じ。

A

B

C

D

E　F

TYPE 1 スタンダード
Brunch ②
全粒粉のスコーン

ブランチプレーンのレシピベースはそのままに、薄力粉の一部を全粒粉にかえると、ざっくりとした素朴な粉の味わいが一層引き立ちます。ここではほどほどの主張感を楽しめる40g分を全粒粉にしていますが、自由に増減してお好みの分量を見つけてくださいね。

材料　6個分
- 薄力粉……110g
- 全粒粉……40g
- ベーキングパウダー……大さじ½
- 牛乳……60g
- はちみつ……10g
- オリーブオイル……35g
- 塩……小さじ¼
- 打ち粉用の粉……適量

下準備
- 牛乳は冷蔵庫で冷やしておく。
- 天板にオーブンシートを敷く。
- オーブンを190℃に温める。

作り方
❶ フードプロセッサーに薄力粉、全粒粉、ベーキングパウダー、塩を入れ、3〜5秒回してふるう。オリーブオイルとはちみつを加え、スイッチのオンとオフを繰り返して、オリーブオイルとはちみつと粉類をサラサラの状態に混ぜる。
❷ よく冷えた牛乳を加え、再びスイッチのオンとオフを繰り返す。やっとまとまりかけたくらいになればOK。
❸ 打ち粉をふった台の上に生地を取り出し、数回折りたたむようにしながら生地をなめらかな状態にととのえて、手で丸く形作る。1.5〜2cm厚さにのばして平らな円形にしたら、カードや包丁で放射状に6等分する。
❹ 天板に並べ、190℃のオーブンで18〜20分ほど焼く。

フードプロセッサーがない場合
❶ ボウルに薄力粉、全粒粉、ベーキングパウダー、塩をふるい入れる。
❷ オリーブオイルとはちみつを加え、カードなどで切り込むようにしながら粉に混ぜ込み、ある程度細かくなったら手をすり合わせるようにして、ぽろぽろとしたそぼろ状にする。
❸ よく冷えた牛乳の¾量を加え、切り混ぜるようにして生地になじませていく。状態を見ながら、残りの牛乳を足してさっくりと混ぜ、扱いやすい固さに生地をまとめる。これ以降は、左の❸からと同じ。

TYPE 1 スタンダード
Brunch ❸
胡麻スコーン

牛乳を豆乳に代え、白と黒、2色の胡麻をたっぷりと生地に混ぜ込んだ、風味豊かなヘルシースコーン。和のイメージですが、洋風おかずのメニューにも意外とぴったり。胡麻は、白か黒のどちらか1色で作ってもよく、オイルはオリーブオイルも合います。

山田製油製胡麻製品のヘビーユーザーな私。とても香り高くて、風味がよいのです。お菓子にお料理に、じゃんじゃん使っています。

調整豆乳と無調整豆乳、どちらを選んでもOK。もちろん逆に、豆乳を牛乳に置き換えてもおいしく作れます。

材料　8個分
薄力粉……150g
ベーキングパウダー……大さじ½
豆乳……60g
はちみつ……10g
太白胡麻油……35g
塩……小さじ¼
白炒り胡麻……15g
黒炒り胡麻……15g
打ち粉用の粉……適量

下準備
- 豆乳は冷蔵庫で冷やしておく。
- 天板にオーブンシートを敷く。
- オーブンを190℃に温める。

作り方
❶ フードプロセッサーに薄力粉、ベーキングパウダー、塩を入れ、3～5秒回してふるう。太白胡麻油とはちみつを加え、スイッチのオンとオフを繰り返して、太白胡麻油とはちみつと粉類をサラサラの状態に混ぜる。
❷ よく冷えた豆乳と炒り胡麻を加え、再びスイッチのオンとオフを繰り返す。やっとまとまりかけたくらいになればOK。
❸ 打ち粉をふった台の上に生地を取り出し、数回折りたたむようにしながら生地をなめらかな状態にととのえて2等分し、それぞれ手で丸く形作る。1.5～2cm厚さにのばして平らな円形にしたら、カードや包丁で放射状にそれぞれ4等分する。
❹ 天板に並べ、190℃のオーブンで18～20分ほど焼く。

フードプロセッサーがない場合
❶ ボウルに薄力粉、ベーキングパウダー、塩をふるい入れる。
❷ 太白胡麻油とはちみつを加え、カードなどで切り込むようにしながら粉に混ぜ込み、ある程度細かくなったら手をすり合わせるようにして、ぽろぽろとしたそぼろ状にする。続けて炒り胡麻を加え、カードなどで全体にざっと混ぜる。
❸ よく冷えた豆乳の¾量を加え、切り混ぜるようにして生地になじませていく。状態を見ながら、残りの豆乳を足してさっくりと混ぜ、扱いやすい固さに生地をまとめる。これ以降は、左の❸からと同じ。

TYPE 1　スタンダード
Brunch 4
ハーブのスコーン

爽やかな香りを添えるハーブは、バジルとイタリアンパセリを合わせて使用。可愛らしく丸型で抜いてみました。カッテージチーズの効果でしっとり、ほわっと軽やかな生地に。わずかな酸味も加わるため、イースト発酵で作るパンにどことなく似た味わいになります。

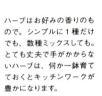

ハーブはお好みの香りのもので。シンプルに1種だけでも、数種ミックスしても。とても丈夫で手がかからないハーブは、何か一鉢育てておくとキッチンワークが豊かになります。

材料　10個分
薄力粉……150g
カッテージチーズ……100g
ベーキングパウダー……大さじ½
牛乳……50g
きび砂糖……10g
オリーブオイル……35g
塩……小さじ¼
フレッシュハーブ（バジル、イタリアンパセリなど）……5g
打ち粉用の粉……適量

下準備
● 牛乳は冷蔵庫で冷やしておく。
● 天板にオーブンシートを敷く。
● オーブンを190℃に温める。

作り方
❶　フードプロセッサーに薄力粉、ベーキングパウダー、きび砂糖、塩を入れ、3〜5秒回してふるう。オリーブオイルを加え、スイッチのオンとオフを繰り返して、オリーブオイルと粉類をサラサラの状態に混ぜる。続けてカッテージチーズを加えて回し、全体に混ぜ込む。

❷　よく冷えた牛乳と、ハーブをちぎって加え、再びスイッチのオンとオフを繰り返す。やっとまとまりかけたくらいになればOK。

❸　打ち粉をふった台の上に生地を取り出し、数回折りたたむようにしながら生地をなめらかな状態にととのえる。めん棒で1.5〜2cm厚さにのばして直径5cmの丸い抜き型で抜く。

❹　天板に並べ、190℃のオーブンで18〜20分ほど焼く。

フードプロセッサーがない場合
❶　ボウルに薄力粉、ベーキングパウダー、きび砂糖、塩をふるい入れる。

❷　オリーブオイルを加え、カードなどで切り込むようにしながら粉に混ぜ込み、ある程度細かくなったら手をすり合わせるようにして、ぽろぽろとしたそぼろ状にする。続けてカッテージチーズを加え、カードなどで切り込むようにしながら全体に混ぜ込み、ハーブ（細かく刻んで）も加えて、全体にざっと混ぜる。

❸　よく冷えた牛乳の¾量を加え、切り混ぜるようにして生地になじませていく。状態を見ながら、残りの牛乳を足してさっくりと混ぜ、扱いやすい固さに生地をまとめる。これ以降は、左の❸からと同じ。

TYPE 1 スタンダード
Brunch 5
ひよこ豆のスコーン

お豆の風味豊かにほくっと茹で上げたひよこ豆が大好きです。いろんなお料理にいつでも使いたくて、乾燥豆をまとめて茹でて小分けにし、冷凍庫に常備しているほど。豆を茹でるのはちょっと……という方は、水煮の缶詰でもおいしく作れますので、ひよこ豆のスコーン、気軽にトライしてみてくださいね。

ガルバンゾ、エジプト豆、チャナ豆など、いろんな名前で呼ばれるひよこ豆。カレーに入れたり、ごはんに混ぜたり、ペーストにしたりと重宝しています。

さらりと溶けやすく、やわらかな甘さを持つきび砂糖は、広範囲に使いやすいナチュラルシュガー。自然な色と甘みを添えたい種類のお菓子やお料理に。

材料　8個分
- 薄力粉……150g
- ベーキングパウダー……小さじ1
- 卵……1個
- きび砂糖……10g
- オリーブオイル……35g
- 塩……小さじ½
- ひよこ豆（やわらかく茹でたもの。缶詰でもOK）……100g（正味）
- 打ち粉用の粉……適量

下準備
- 卵は冷蔵庫で冷やしておく。
- ひよこ豆はキッチンペーパーなどにとって水分を切る。
- 天板にオーブンシートを敷く。
- オーブンを190℃に温める。

作り方
❶ フードプロセッサーに薄力粉、ベーキングパウダー、きび砂糖、塩を入れ、3〜5秒回してふるう。オリーブオイルを加え、スイッチのオンとオフを繰り返して、オリーブオイルと粉類をサラサラの状態に混ぜる。

❷ よく冷えた卵（溶きほぐして）とひよこ豆を加え、再びスイッチのオンとオフを繰り返す。やっとまとまりかけたくらいになればOK。

❸ 打ち粉をふった台の上に生地を取り出し、数回折りたたむようにしながら生地をなめらかな状態にととのえ、手で丸く形作る。1.5〜2cm厚さにのばして平らな円形にしたら、カードや包丁で放射状に8等分する。

❹ 天板に並べ、190℃のオーブンで18〜20分ほど焼く。

フードプロセッサーがない場合
❶ ボウルに薄力粉、ベーキングパウダー、きび砂糖、塩をふるい入れる。

❷ オリーブオイルを加え、カードなどで切り込むようにしながら粉に混ぜ込み、ある程度細かくなったら手をすり合わせるようにして、ぽろぽろとしたそぼろ状にする。続けてひよこ豆（フォークなどでざっとつぶして）を加え、カードなどで切り込むようにしながら全体に混ぜ込む。

❸ よく冷えた卵（溶きほぐして）の¾量を加え、切り混ぜるようにして生地になじませていく。状態を見ながら、残りの卵を足してさっくりと混ぜ、扱いやすい固さに生地をまとめる。これ以降は、左の❸からと同じ。

TYPE 1 スタンダード
Sweet 1
スイートプレーン

粉を生クリームと卵でまとめ、甘さもきっちりと加えたスイートなスコーンは、紅茶やコーヒーにぴったり。さっくりとミルキーな味わいです。ブランチスコーンはリーンめな配合でしたが、スイートスコーンはリッチめな配合で作ります。泡立てた生クリームとお好みのジャムを添えて、どうぞ。

材料　8個分
薄力粉……130g
強力粉……20g
ベーキングパウダー……小さじ1
生クリーム……80g
卵……1個
グラニュー糖……30g
塩……小さじ¼
打ち粉用の粉……適量

下準備
- 卵は溶いて生クリームと合わせ、冷蔵庫で冷やしておく。
- 天板にオーブンシートを敷く。
- オーブンを180℃に温める。

A

B

C

D

TYPE 1 スタンダード
Sweet 2
チョコチップスコーン

チョコレートをざくざくと混ぜ込んだスコーンは、冷めてもおいしいし、作り立ての温かいうち、チョコレートがとろりとやわらかな状態の時に食べても美味。好みの板チョコをちょっと大ぶりに刻んで入れても、ポップでアメリカンな表情が出ます。

材料　8個分
薄力粉……130g
強力粉……20g
ベーキングパウダー……小さじ1
生クリーム……80g
卵……1個
グラニュー糖……30g
塩……小さじ1/4
チョコレートチップ……50g
打ち粉用の粉……適量

下準備
- 卵は溶いて生クリームと合わせ、冷蔵庫で冷やしておく。
- 天板にオーブンシートを敷く。
- オーブンを180℃に温める。

手前は、製菓用のタブレットチョコレート。奥の小さな粒は、一般的なチョコチップです。ここでは製菓用のタブレットをチョコチップとして焼き込みました。

作り方
❶ フードプロセッサーに薄力粉、強力粉、ベーキングパウダー、グラニュー糖、塩を入れ、3～5秒回してふるう。
❷ よく冷えた生クリームと卵、チョコレートチップを加え、スイッチのオンとオフを繰り返す。やっとまとまりかけたくらいになればOK。
❸ 打ち粉をふった台の上に生地を取り出し、数回折りたたむようにして（生地をカードで切っては重ね、手で押してなじませることを2～3度繰り返しても）手早くなめらかにととのえながら、手で四角く形作る。手やめん棒で1.5～2cm厚さの長方形にのばし、カードや包丁で四角く8等分する。
❹ 天板に並べ、180℃のオーブンで18～20分ほど焼く。

フードプロセッサーがない場合
❶ ボウルに薄力粉、強力粉、ベーキングパウダー、グラニュー糖、塩をふるい入れる。チョコレートチップも加えて、ゴムベラで全体にざっと混ぜる。
❷ よく冷えた生クリームと卵の3/4量を加え、ゴムベラで手早く切り混ぜるようにして生地をまとめていく。様子を見ながら、残りの生クリームと卵を足してさっくりと混ぜ、扱いやすい固さに生地をまとめる。これ以降は、左の❸からと同じ。

作り方
❶ フードプロセッサーに薄力粉、強力粉、ベーキングパウダー、グラニュー糖、塩を入れ、3～5秒回してふるう。
❷ よく冷えた生クリームと卵を加え(A)、スイッチのオンとオフを繰り返す。やっとまとまりかけたくらいになればOK(B)。
❸ 打ち粉をふった台の上に生地を取り出し、数回折りたたむようにして（生地をカードで切っては重ね、手で押してなじませることを2～3度繰り返しても）(C) 手早くなめらかにととのえながら、手で四角く形作る。手やめん棒で1.5～2cm厚さの長方形にのばし、カードや包丁で四角く8等分する(D)。
❹ 天板に並べ、180℃のオーブンで18～20分ほど焼く。

フードプロセッサーがない場合
❶ ボウルに薄力粉、強力粉、ベーキングパウダー、グラニュー糖、塩をふるい入れる。
❷ よく冷えた生クリームと卵の3/4量を加え、ゴムベラで手早く切り混ぜるようにして生地をまとめていく。様子を見ながら、残りの生クリームと卵を足してさっくりと混ぜ、扱いやすい固さに生地をまとめる。これ以降は、上の❸からと同じ。

TYPE 1 スタンダード
Sweet ❸
ピーナッツバターのスコーン

紅茶よりも、コーヒーやココアの方がしっくりくるなぁとなぜだか感じている、ピーナッツバター味のお菓子。ちょっぴり濃いめにいれた熱いコーヒーを用意して、スコーンのスプレッドにはややしっかりめに泡立てた無糖の生クリームを添えても。

ワンスアゲインのオーガニックなピーナッツバター。ここで使ったのは、無糖で粒のないなめらかなスムースタイプです。

材料　8個分
薄力粉……130g
強力粉……20g
ベーキングパウダー……小さじ1
ピーナッツバター（無糖）……80g
生クリーム……50g
卵……1個
ブラウンシュガー……40g
塩……小さじ¼
打ち粉用の粉……適量

下準備
- 卵は溶いて生クリームと合わせ、冷蔵庫で冷やしておく。
- 天板にオーブンシートを敷く。
- オーブンを180℃に温める。

作り方
❶ フードプロセッサーに薄力粉、強力粉、ベーキングパウダー、ブラウンシュガー、塩を入れ、3〜5秒回してふるう。
❷ ピーナッツバターを加えて、スイッチのオンとオフを繰り返し、ぽろぽろとしたそぼろ状にする。よく冷えた生クリームと卵を加え、スイッチのオンとオフを繰り返して、やっとまとまりかけたくらいになればOK。
❸ 打ち粉をふった台の上に生地を取り出し、数回折りたたむようにして（生地をカードで切っては重ね、手で押してなじませることを2〜3度繰り返しても）手早くなめらかにととのえながら、手で四角く形作る。手やめん棒で1.5〜2cm厚さの長方形にのばし、カードや包丁で四角く8等分する。
❹ 天板に並べ、180℃のオーブンで18〜20分ほど焼く。

フードプロセッサーがない場合
❶ ボウルに薄力粉、強力粉、ベーキングパウダー、ブラウンシュガー、塩をふるい入れる。ピーナッツバターを加えて、ゴムベラで全体にざくざくと混ぜ込み、全体になじませる。
❷ よく冷えた生クリームと卵の¾量を加え、ゴムベラで手早く切り混ぜるようにして生地をまとめていく。様子を見ながら、残りの生クリームと卵を足してさっくりと混ぜ、扱いやすい固さに生地をまとめる。これ以降は、左の❸からと同じ。

和田製糖のナチュラルシュガー。「亜麻」「琥珀」という上赤糖のほか、乳白色の「本和香糖」があります。ミネラル分を多く残した味の良いお砂糖です。

TYPE 1 スタンダード

Sweet 4

くるみといちじくのスコーン

フードプロセッサーでの作業途中にくるみといちじくを加えて、生地になじむ程度の細かさにしています。もっと大きく食感として残したい方は、サワークリームまでをフードプロセッサーで攪拌してボウルに取り出し、粗く刻んだくるみといちじくを混ぜ込んで卵黄を加え、生地をまとめてください。

くるみ以外のナッツでも、もちろんおいしく作れます。アーモンド、ピーカンナッツ、ヘーゼルナッツ、マカダミアナッツ、カシューナッツなど、お好みのものをチョイスしてください。

材料　9個分
- 薄力粉……150g
- ベーキングパウダー……小さじ1
- サワークリーム……100g
- 卵黄……1個分
- きび砂糖……35g
- 塩……小さじ1/4
- くるみ……40g
- ドライいちじく……80g
- 打ち粉用の粉……適量

下準備
- サワークリームと卵黄は冷蔵庫で冷やしておく。
- くるみは160℃のオーブンで6〜8分ほど空焼きし、冷ます。
- 天板にオーブンシートを敷く。
- オーブンを180℃に温める。

作り方
❶ フードプロセッサーに薄力粉、ベーキングパウダー、きび砂糖、塩を入れ、3〜5秒回してふるう。

❷ よく冷えたサワークリームを加えて、スイッチのオンとオフを繰り返し、ぽろぽろとしたそぼろ状にする。よく冷えた卵黄とくるみ、ドライいちじくを加え、スイッチのオンとオフを繰り返して、やっとまとまりかけたくらいになればOK。

❸ 打ち粉をふった台の上に生地を取り出し、数回折りたたむようにして（生地をカードで切っては重ね、手で押してなじませることを2〜3度繰り返しても）手早くなめらかにととのえながら、手で四角く形作る。手やめん棒で1.5〜2cm厚さの正方形にのばし、カードや包丁で四角く9等分する。

❹ 天板に並べ、180℃のオーブンで18〜20分ほど焼く。

フードプロセッサーがない場合
❶ ボウルに薄力粉、ベーキングパウダー、きび砂糖、塩をふるい入れる。サワークリームを加えて、ゴムベラでさくさくと混ぜ込み、全体になじませる。くるみ（細かく刻んで）とドライいちじく（細かく刻んで）も加えて、ざっと混ぜる。

❷ よく冷えた卵黄を加え、ゴムベラで手早く切り混ぜるようにして生地をまとめる。これ以降は、左の❸からと同じ。

SCONE 21

TYPE 2 小さく焼くスコーン

Brunch 1
ブランチプレーン

ボウルの中に粉類を入れ、水分を加えてパパッとまとめたら、小さく丸めてオーブンへ。外側はさっくりとしていて、内側はややしっとり、ほろり。ポコポコふっくら膨らんで、見た目も食べ心地もキュートなスコーンです。そのままではもちろんのこと、手でパカッと割ったら、お気に入りのスプレッドを好きなだけのせて。

材料　直径約5cm 12個分

薄力粉……150g
ベーキングパウダー……小さじ1
きび砂糖……15g
塩……小さじ¼
卵黄……1個分
生クリーム……80g
オリーブオイル……25g

下準備
● 天板にオーブンシートを敷く。
● オーブンを170℃に温める。

作り方

❶ ボウルに薄力粉、ベーキングパウダー、きび砂糖、塩を入れ、泡立て器でぐるぐると混ぜてふるい合わせる (A)。

❷ 卵黄、生クリーム、オリーブオイルを合わせて加え、ゴムベラでさっくりと切るようにして粉に混ぜ込む。なじんできたら、さっくりと混ぜながら、ゴムベラをときどき押しつけるようにして (B) まとめていく。だいたいまとまれば、手で軽くこねるようにしてなめらかな状態にととのえ、ひとまとめにする (C)。

❸ 適量ずつ手に取って小さなボール状に丸め (D)、天板に並べる。170℃のオーブンで、15〜20分焼く。

A

B

C

D

TYPE 2 小さく焼くスコーン

Brunch ❷
パセリとパルメザンのスコーン

粗く刻んだパセリの鮮やかなグリーン、表面にふって香ばしく焼けたチーズが、食欲をそそります。パルメザンチーズにフルーティーなオリーブオイルの相性もばっちり。

材料　直径約5cm12個分
- 薄力粉……150g
- ベーキングパウダー……小さじ1
- きび砂糖……15g
- 塩……小さじ¼
- 卵黄……1個分
- 生クリーム……80g
- オリーブオイル……25g
- パルメザンチーズ（粉末）……25g
- パセリ……1枝
- トッピング用の粉チーズ……適量

下準備
- パセリを粗めのみじん切りにする。
- 天板にオーブンシートを敷く。
- オーブンを170℃に温める。

作り方
❶ ボウルに薄力粉、ベーキングパウダー、きび砂糖、塩、パルメザンチーズ、パセリを入れ、泡立て器でぐるぐると混ぜてふるい合わせる。
❷ 卵黄、生クリーム、オリーブオイルを合わせて加え、ゴムベラでさっくりと切るようにして粉に混ぜ込む。なじんできたら、さっくりと混ぜながら、ゴムベラをときどき押しつけるようにしてまとめていく。だいたいまとまれば、手で軽くこねるようにしてなめらかな状態にととのえ、ひとまとめにする。
❸ 適量ずつ手に取って小さなボール状に丸め、天板に並べる。粉チーズをふって、170℃のオーブンで、15〜20分焼く。

TYPE 2 小さく焼くスコーン

Brunch ❸
ブラックオリーブとアンチョビのスコーン

大人が思わず喜ぶ、ブラックオリーブとアンチョビのカップリング。ゲストを迎えてのお茶の時間、甘いお菓子と一緒に並べてお出しすることも多いレシピです。

材料　直径約7cm8個分
- 薄力粉……150g
- ベーキングパウダー……小さじ1
- きび砂糖……15g
- 塩……小さじ¼
- プレーンヨーグルト……20g
- 生クリーム……60g
- オリーブオイル……30g
- ブラックオリーブ（種抜き）……12個
- アンチョビ……4枚
- 黒こしょう……適量

下準備
- 天板にオーブンシートを敷く。
- オーブンを170℃に温める。

作り方
❶ ブラックオリーブは2等分、アンチョビは小さく切る。
❷ ボウルに薄力粉、ベーキングパウダー、きび砂糖、塩を入れ、泡立て器でぐるぐると混ぜてふるい合わせる。
❸ プレーンヨーグルト、生クリーム、オリーブオイルを合わせて加え、ゴムベラでさっくりと切るようにして粉に混ぜ込む。なじんできたら、さっくりと混ぜながら、ゴムベラをときどき押しつけるようにしてまとめていく。だいたいまとまれば、手で軽くこねるようにしてなめらかな状態にととのえ、ひとまとめにする。
❹ 8等分にして丸め、厚みを軽く押しつぶし、天板に並べる。ブラックオリーブを3カ所に押し込み、アンチョビを散らすようにのせて黒こしょうをふり、170℃のオーブンで、20〜25分焼く。

TYPE 2　小さく焼くスコーン

Sweet ①

かぼちゃとシナモンのスコーン

かぼちゃにシナモンの香りを合わせるのが好きで、かぼちゃのプリンやパンプキンパイにも、シナモンパウダーは欠かせません。焼き立てのところにホイップバターをふわっとのせたら、さらに至福のひとときが訪れます。たまにはこんなリッチなスコーンをリッチな食べ方で楽しみたいですね。

材料　直径約6cm12個分
薄力粉……150g
ベーキングパウダー……小さじ1
きび砂糖……30g
塩……小さじ¼
卵黄……1個分
生クリーム……70g
アーモンドオイル（またはサラダ油）
……25g
シナモンパウダー……小さじ1
かぼちゃ（正味）……80g
トッピング用のブルーポピーシード
……適量

下準備
● 天板にオーブンシートを敷く。
● オーブンを170℃に温める。

作り方
❶　かぼちゃは皮とわたを除いて小さく切り、蒸すか電子レンジにかけてやわらかく加熱し、フォークなどで粗くつぶす。
❷　ボウルに薄力粉、ベーキングパウダー、きび砂糖、塩、シナモンパウダーを入れ、泡立て器でぐるぐると混ぜてふるい合わせる。
❸　卵黄、生クリーム、アーモンドオイル（またはサラダ油）を合わせて加え、ゴムベラでさっくりと切るようにして粉に混ぜ込む。粉っぽさが少し残るところで❶のかぼちゃを加え、さっくりと混ぜながら、ゴムベラをときどき押しつけるようにしてまとめていく。だいたいまとまれば、手で軽くこねるようにしてなめらかな状態にととのえ、ひとまとめにする。
❹　12等分にして丸め、厚みを軽く押しつぶし、天板に並べる。ブルーポピーシードをふって、170℃のオーブンで、15〜20分焼く。

TYPE 2 小さく焼くスコーン

Sweet 2

きなことホワイトチョコのスコーン

和素材のきなこと洋素材のホワイトチョコレートが、すんなりと仲良くなじみました。黒のチョコでもおいしいけれど、ここは白い気分。見た目も風味もやさしい印象です。

TYPE 2 小さく焼くスコーン

Sweet 3

スコーンシトロン

粉の一部をアーモンドパウダーにかえて、マスカルポーネチーズでこっくりしっとりとまとめました。混ぜ込んだレモンピールに合わせて、レモンアイシングでちょっとおめかし。

材料　直径約4cm 20個分
- 薄力粉……110g
- きなこ……40g
- ベーキングパウダー……小さじ1
- きび砂糖……30g
- 塩……小さじ¼
- 卵黄……1個分
- 生クリーム……80g
- アーモンドオイル（またはサラダ油）……25g
- ホワイトチョコレートチップ……50g

下準備
- 天板にオーブンシートを敷く。
- オーブンを170℃に温める。

作り方
❶ ボウルに薄力粉、きなこ、ベーキングパウダー、きび砂糖、塩を入れ、泡立て器でぐるぐると混ぜてふるい合わせる。
❷ 卵黄、生クリーム、アーモンドオイル（またはサラダ油）を合わせて加え、ゴムベラでさっくりと切るようにして粉に混ぜ込む。粉っぽさが少し残るところでホワイトチョコレートチップを加え、さっくりと混ぜながら、ゴムベラをときどき押しつけるようにしてまとめていく。だいたいまとまれば、手で軽くこねるようにしてなめらかな状態にととのえ、ひとまとめにする。
❸ 適量ずつ手に取って小さなボール状に丸め、天板に並べる。170℃のオーブンで、15～18分焼く。

材料　直径約4.5cm 15個分
- 薄力粉……120g
- アーモンドパウダー……30g
- ベーキングパウダー……小さじ1
- グラニュー糖……30g
- 塩……小さじ¼
- 卵黄……1個分
- マスカルポーネチーズ……100g
- レモンピール……80g

アイシング
- 粉砂糖……35g
- レモン汁……大さじ½

下準備
- 天板にオーブンシートを敷く。
- オーブンを170℃に温める。

作り方
❶ ボウルに薄力粉、アーモンドパウダー、ベーキングパウダー、グラニュー糖、塩を入れ、泡立て器でぐるぐると混ぜてふるい合わせる。
❷ 卵黄、マスカルポーネチーズを合わせて加え、ゴムベラでさっくりと切るようにして粉に混ぜ込む。粉っぽさが少し残るところでレモンピールを加え、さっくりと混ぜながら、ゴムベラをときどき押しつけるようにしてまとめていく。だいたいまとまれば、手で軽くこねるようにしてなめらかな状態にととのえ、ひとまとめにする。
❸ 適量ずつ手に取って小さなボール状に丸め、天板に並べる。170℃のオーブンで、15～18分焼く。
❹ 粉砂糖とレモン汁をよく混ぜてとろりとした状態のアイシングを作る。小さな絞り出し袋に入れ、冷めた❸の表面にかけて仕上げる。

TYPE 3 大きく焼くスコーン
Brunch ①
ブランチプレーン

小さく焼くスコーンのように小分けにして丸める手間は不要。ひとつに大きくまとめるから、より手軽で、よりしっとりした焼き上がりです。ざっくりと割ったり、好きな厚さにスライスしたりと食べ方は自由。そのままで食べてもいいし、塩気のあるスプレッドや甘いクリームを添えてもいい。どんな味も大きな懐で受け止めてくれます。

材料　直径約15cm 1個分
薄力粉……150g
ベーキングパウダー……小さじ1
きび砂糖……15g
塩……小さじ¼
プレーンヨーグルト……30g
生クリーム……120g

下準備
● オーブンを180℃に温める。

作り方
❶ ボウルに薄力粉、ベーキングパウダー、きび砂糖、塩を入れ、泡立て器でぐるぐると混ぜてふるい合わせる。
❷ プレーンヨーグルトと生クリームを合わせて加え、ゴムベラでさっくりと切るようにして粉に混ぜ込む。なじんできたら、さっくりと混ぜながら、ゴムベラをときどき押しつけるようにしてまとめていく。だいたいまとまれば、手で軽くこねるようにしてなめらかな状態にととのえ、ひとまとめにする(A)。
❸ オーブンシートの上に出し、直径12cm程度の円形に形作る(B)。ナイフで十字の切れ目を入れ(C)、180℃のオーブンで18分→160℃に下げて15〜20分焼く。

A

B

C

TYPE 3 大きく焼くスコーン

Brunch 2
粒コーンのスコーン

プチプチッとした粒コーンの食感と甘みがおいしくて楽しい、大きなスコーン。天気のよい日のお昼には、こんなスコーンを焼いて、誰かをランチに誘いたくなります。コーンはザルにあげた後、キッチンペーパーなどで水分をしっかりと切って使って。

材料　直径約15cm 1個分
薄力粉……150g
ベーキングパウダー……小さじ1
きび砂糖……15g
塩……小さじ¼
プレーンヨーグルト……30g
生クリーム……120g
粒コーン（缶詰）
……しっかりと水分を切って80g

下準備
● オーブンを180℃に温める。

作り方
❶　ボウルに薄力粉、ベーキングパウダー、きび砂糖、塩を入れ、泡立て器でぐるぐると混ぜてふるい合わせる。
❷　プレーンヨーグルトと生クリームを合わせて加え、ゴムベラでさっくりと切るようにして粉に混ぜ込む。粉っぽさが少し残るところで粒コーンを加え、さっくりと混ぜながら、ゴムベラをときどき押しつけるようにしてまとめていく。だいたいまとまれば、手で軽くこねるようにしてなめらかな状態にととのえ、ひとまとめにする。
❸　オーブンシートの上に出し、直径12cm程度の円形に形作る。ナイフで十字の切れ目を入れ、180℃のオーブンで18分→160℃に下げて15〜20分焼く。

TYPE 3 大きく焼くスコーン

Brunch 3

ポテトとローズマリーのスコーン

下茹でしたじゃがいもに、塩、こしょう、ローズマリー、オリーブオイルをからめ、フライパンで色よく焼いたサイドディッシュは、私のお気に入り。じゃがいもとローズマリーの相性のよさをしみじみ感じます。これを粉菓子に応用したのがこちらのスコーン。ハーブを使ったパスタとスープを一緒にサーブしたら、女友達に喜んでもらえそう。

材料　直径約17cm 1個分
薄力粉……150g
ベーキングパウダー……小さじ1
きび砂糖……15g
塩……小さじ¼
プレーンヨーグルト……30g
生クリーム……120g
じゃがいも（正味）……100g
じゃがいもに混ぜる塩……小さじ⅓
ローズマリー（ドライ）……小さじ2

下準備
● オーブンを180℃に温める。

作り方
❶ じゃがいもは、皮をむいて水に数分さらす。蒸すか電子レンジにかけてやわらかく加熱し、フォークなどで粗くつぶして、塩を混ぜる。ローズマリーは細かく刻む。
❷ ボウルに薄力粉、ベーキングパウダー、きび砂糖、塩、ローズマリーを入れ、泡立て器でぐるぐると混ぜてふるい合わせる。
❸ プレーンヨーグルトと生クリームを合わせて加え、ゴムベラでさっくりと切るようにして粉に混ぜ込む。粉っぽさが少し残るところでじゃがいもを加え、さっくりと混ぜながら、ゴムベラをときどき押しつけるようにしてまとめていく。だいたいまとまれば、手で軽くこねるようにしてなめらかな状態にととのえ、ひとまとめにする。
❹ オーブンシートの上に出し、直径16cm程度の円形に形作る。ナイフで放射状に3〜4本の切れ目を入れ、180℃のオーブンで18分→160℃に下げて15〜20分焼く。

TYPE 3 大きく焼くスコーン

Sweet 1
ブラウンシュガーとけしの実のスコーン

ブラウンシュガーのナチュラルな甘みがやさしく、はちみつが入ることでしっとりとやわらかな生地に。けしの実（ポピーシード）をふって、こんがりと焼き上げました。

TYPE 3 大きく焼くスコーン

Sweet 2
さつまいもと甘納豆と胡麻のスコーン

ほくほくのさつまいも、ふっくらと炊かれた甘納豆に胡麻の香ばしさが加わって、ホッと心安らぐような和風のおやつになりました。小さく丸めて焼くのもおすすめです。

材料　直径約15cm 1個分
- 薄力粉……150g
- ベーキングパウダー……小さじ1
- ブラウンシュガー……25g
- 塩……小さじ¼
- プレーンヨーグルト……30g
- 生クリーム……120g
- はちみつ……10g
- けしの実……20g
- トッピング用のけしの実……適量

下準備
- オーブンを180℃に温める。

さとうきび本来のナチュラルな味わいが生きている、粗精糖。きび砂糖、黒砂糖などで作っても。

作り方
1. ボウルに薄力粉、ベーキングパウダー、ブラウンシュガー、塩、けしの実を入れ、泡立て器でぐるぐると混ぜてふるい合わせる。
2. プレーンヨーグルト、生クリーム、はちみつを合わせて加え、ゴムベラでさっくりと切るようにして粉に混ぜ込む。なじんできたら、さっくりと混ぜながら、ゴムベラをときどき押しつけるようにしてまとめていく。だいたいまとまれば、手で軽くこねるようにしてなめらかな状態にととのえ、ひとまとめにする。
3. オーブンシートの上に出し、直径12cm程度の円形に形作る。ナイフで十字の切れ目を入れ、トッピング用のけしの実をふり、180℃のオーブンで18分→160℃に下げて15〜20分焼く。

材料　直径約11cm 2個分
- 薄力粉……150g
- ベーキングパウダー……小さじ1
- きび砂糖……25g
- 塩……小さじ¼
- プレーンヨーグルト……30g
- 生クリーム……120g
- はちみつ……10g
- さつまいも……中1本
- 甘納豆……50g
- 炒り胡麻……15g

下準備
- 天板にオーブンシートを敷く。

作り方
1. さつまいもは、洗って皮のままアルミ箔で包み、160℃のオーブンでやわらかくなるまで45分ほど焼く。粗熱が取れたら、皮を除いて100g計量し、フォークなどで粗くつぶす。
2. オーブンを180℃に温める。ボウルに薄力粉、ベーキングパウダー、きび砂糖、塩、炒り胡麻を入れ、泡立て器でぐるぐると混ぜてふるい合わせる。
3. プレーンヨーグルト、生クリーム、はちみつを合わせて加え、ゴムベラでさっくりと切るようにして粉に混ぜ込む。粉っぽさが少し残るところでさつまいもと甘納豆を加え、さっくりと混ぜながら、ゴムベラをときどき押しつけるようにしてまとめていく。だいたいまとまれば、手で軽くこねるようにしてなめらかな状態にととのえ、ひとまとめにする。
4. 2等分してオーブンシートの上に出し、直径10cm程度の円形に形作る。ナイフで斜め格子に切れ目を入れ、180℃のオーブンで18分→160℃に下げて10〜15分焼く。

SCONE 29

マフィン＆ケーキ
MUFFIN & CAKE

甘いマフィンやライトなケーキは、気軽な粉菓子の定番。もこもこっと膨らんだ姿がフレンドリーな、ワンボウルでぐるぐる混ぜるだけで作れちゃうスタンダードマフィン。シフォンケーキ風の生地をマフィン型で焼いた、ふわんふわんでソフトな舌触りのシフォンマフィン。上品であっさりと軽いバターケーキのような、スクエアケーキ。3種のスイートな生地をご紹介します。

お惣菜パンや炊き込みご飯のように、自由なイメージであれこれの具を組み合わせて楽しみたいブランチタイプの甘くないマフィンは、コーンフラワーやポテトフレークで、生地に風味と軽さを加えるのが私流ですが、なければ薄力粉で代用しても大丈夫。パウンド型で焼き、スライス＆トーストして食べてもおいしいですよ。

Menu
TYPE 1	スタンダード	p31
TYPE 2	シフォンマフィン	p44
TYPE 3	スクエアケーキ	p48

TYPE 1 スタンダード
Sweet 1
スイートプレーン

コクと風味のあるアーモンドパウダーを加え、生クリームでささっとまとめる、ケーキタイプのマフィンです。軽くてしっとり、ほろっと感も少しある、ミルキーな生地。焼き立てはもちろん、冷めてからもおいしく食べてもらえると思います。アイシングや溶かしたチョコレートをかけたり、泡立てた生クリームにフルーツを添えたりなど、プラスワンのアイデアも活きるプレーンなレシピです。

A

B

材料　直径7cmのマフィン型6個分
薄力粉……90g
アーモンドパウダー……30g
ベーキングパウダー……小さじ1
グラニュー糖……60g
卵……1個
生クリーム……100g
プレーンヨーグルト……35g
塩……ひとつまみ

下準備
● 卵は室温に戻す。
● マフィン型に紙カップを敷く。
● オーブンを170℃に温める。

作り方
❶　ボウルに卵を入れて泡立て器でほぐし、グラニュー糖と塩を加えてよく混ぜる(A)。アーモンドパウダー、プレーンヨーグルト、生クリームを順に加え、その都度よく混ぜる(B)。
❷　薄力粉とベーキングパウダーを合わせてふるい入れ、泡立て器かゴムベラでなめらかに混ぜる(C)。
❸　生地を型に入れ、170℃のオーブンで25分ほど焼く(D)。

C

D

MUFFIN&CAKE 31

TYPE 1 スタンダード

Sweet ②

レーズンマフィン＋ミルクアイシング

甘酸っぱいレーズンをふんだんに混ぜ込んで焼き上げました。くるみやアーモンドなどのナッツ、チョコレートチップを合わせてもおいしい。とろりとかけたミルクアイシングも、味わいの印象を引き締めるポイントですが、かわりに粉砂糖だけをふってシンプルに仕上げてもきれいです。

材料　直径7cmのマフィン型6個分

A ┃ 薄力粉……90g
　 ┃ ベーキングパウダー……小さじ1
アーモンドパウダー……30g
グラニュー糖……60g
卵……1個
生クリーム……100g
プレーンヨーグルト……35g
塩……ひとつまみ
B ┃ レーズン……60g
　 ┃ ラム酒……大さじ1

ミルクアイシング
粉砂糖……30g
牛乳……小さじ1

粉砂糖……適量

下準備
● 卵は室温に戻す。
● Bは合わせておく。
● マフィン型に紙カップを敷く。
● オーブンを170℃に温める。

作り方

❶ ボウルに卵を入れて泡立て器でほぐし、グラニュー糖と塩を加えてよく混ぜる。アーモンドパウダー、プレーンヨーグルト、生クリームを順に加え、その都度よく混ぜる。

❷ Aを合わせてふるい入れ、ゴムベラで混ぜる。粉っぽさが少し残るくらいの状態でBを加え、なめらかに混ぜる。

❸ 生地を型に入れ、170℃のオーブンで25分ほど焼く。

❹ 小さめのボウルに粉砂糖を入れ、牛乳を加え、スプーンなどでよく混ぜる。もったりとして、スプーンで持ち上げた時ゆっくりと落ちるくらいになれば、冷めたマフィンの上にかけ、好みで粉砂糖をふって仕上げる。

TYPE 1 スタンダード
Sweet ③
ココアとチョコチップのマフィン

ココアパウダー＋チョコチップで、ダブルチョコレートなマフィンです。温かな状態だとチョコレートがとろけてとても美味。チョコチップは、板チョコレートを粗く刻んで使っても。

TYPE 1 スタンダード
Sweet ④
マンゴーとチーズのマフィン

ふわっと甘いチーズクリームが、マフィン生地とフルーツによく合います。マンゴーは冷凍でも缶詰のものでもフレッシュでもいいし、ほかのフルーツに置き換えても OK。

材料　直径7cmのマフィン型6個分

A ｜ 薄力粉……70g
　｜ ココアパウダー……20g
　｜ ベーキングパウダー……小さじ1
アーモンドパウダー……30g
グラニュー糖……60g
卵……1個
生クリーム……100g
プレーンヨーグルト……35g
塩……ひとつまみ
チョコレートチップ……60g

下準備
- 卵は室温に戻す。
- マフィン型に紙カップを敷く。
- オーブンを170℃に温める。

作り方
❶ ボウルに卵を入れて泡立て器でほぐし、グラニュー糖と塩を加えてよく混ぜる。アーモンドパウダー、プレーンヨーグルト、生クリームを順に加え、その都度よく混ぜる。
❷ Aを合わせてふるい入れ、ゴムベラで混ぜる。粉っぽさが少し残るくらいの状態でチョコレートチップを加え、なめらかに混ぜる。
❸ 生地を型に入れ、170℃のオーブンで25分ほど焼く。

材料　直径7cmのマフィン型6個分

A ｜ 薄力粉……90g
　｜ ベーキングパウダー……小さじ1
アーモンドパウダー……30g
グラニュー糖……60g
卵……1個
生クリーム……100g
プレーンヨーグルト……30g
塩……ひとつまみ
チーズクリーム
クリームチーズ……50g
B ｜ グラニュー糖……15g
　｜ プレーンヨーグルト……15g
　｜ レモン汁……小さじ½
マンゴー（冷凍カットタイプ）……60g

下準備
- 卵とクリームチーズは室温に戻す。
- マフィン型に紙カップを敷く。
- オーブンを170℃に温める。

作り方
❶ チーズクリームを作る。小さめのボウルにクリームチーズを入れて泡立て器などで練り混ぜ、Bを順に加え、その都度なめらかによく混ぜる。
❷ 生地を作る。ボウルに卵を入れて泡立て器でほぐし、グラニュー糖と塩を加えてよく混ぜる。アーモンドパウダー、プレーンヨーグルト、生クリームを順に加え、その都度よく混ぜる。
❸ Aを合わせてふるい入れ、泡立て器かゴムベラでなめらかに混ぜる。
❹ 生地を型の高さ½程度入れ、中央にマンゴーと❶のチーズクリームを適量ずつのせ、残りの生地をかぶせる。170℃のオーブンで25分ほど焼く。

TYPE 1 スタンダード

Brunch 1

ブランチプレーン

しっかりと配合した生クリームのおかげで、プレーンながらもしっとりまろやかなマフィンになりました。クリーミーな生地を、塩気と黒こしょうでピリッと引き締めて味わうのが、ブランチマフィンの気分です。ワンボウルで手を汚すことのない簡単レシピ、イージーなお食事パンとしても、どんどん焼いてくださいね。

A

B

C

34 MUFFIN&CAKE

材料　直径7cmのマフィン型6個分

薄力粉……110g
コーンフラワー……30g
ベーキングパウダー……小さじ1
卵……1個
生クリーム……80g
牛乳……50g
オリーブオイル……25g
きび砂糖……20g
塩……小さじ1/2
粗挽き黒こしょう……少々

下準備
- 薄力粉、コーンフラワー、ベーキングパウダー、塩は合わせてふるう。
- 卵は室温に戻す。
- マフィン型に紙カップを敷く。
- オーブンを170℃に温める。

作り方
1. ボウルに卵を入れて泡立て器で軽くほぐしたら、きび砂糖を加えてよく混ぜ、しっかりとなじませる。
2. オリーブオイルを加えてとろりとよく混ぜ、続けて生クリーム、牛乳を加えてよく混ぜ合わせる(A)。
3. 粉類をふるい入れ、黒こしょうも加えて(B)、泡立て器でさっくりと大きく混ぜ合わせる（ゴムベラを使ってもOK）。
4. 型に流し入れ(C)、170℃のオーブンで25分ほど焼く。

ブランチマフィンの焼き方アイデア　　column

ひとつの生地に違ったトッピングをのせれば、数種類のマフィンが一度に焼けます。
下準備の必要な具材をあれこれ準備するのは大変だから、冷蔵庫の常備品などを有効活用して楽しんで。

写真手前から、Aプチトマトと黒オリーブ、Bパストラミビーフ、Cチェダーチーズと食べるラー油、3種のマフィンを2個ずつ作りました。
ベースの生地は、p.38のハムのマフィンケーキと同様に作り、型の1/2程度入れます。Aは半分にカットしたプチトマトと黒オリーブを入れて残りの生地を流し、プチトマトと黒オリーブを飾り、粉チーズをふります。Bはパストラミビーフを入れて生地を流し、黒こしょうをふって。Cは角切りのチェダーチーズを入れて生地を流し、食べるラー油を少量回しかけて。焼き時間は170℃のオーブンで25分ほどです。こんな風に6個のマフィンに自由な発想でいろいろな具材を混ぜ込んで、味のバリエーションをつけるのも、楽しいですよ。

最近のお気に入り、山田製油の「食べるらぁ油」には、辛さを抑えたラー油に緑と黒のオリーブ、アンチョビ、ドライトマトなども入っていて、和洋中どんなジャンルのお料理にもよく合います。

TYPE 1 スタンダード

Brunch ❷
ツナ&マヨネーズのマフィン

おかずになるような具を真ん中に忍ばせて焼いた、お惣菜マフィン。具材がしっとり感をプラスしてくれるので、ベースの生地には生クリームを使わずヨーグルトと牛乳であっさり作りました。

材料　直径7cmのマフィン型6個分
- 薄力粉……110g
- コーンフラワー……30g
- ベーキングパウダー……小さじ1
- 卵……1個
- プレーンヨーグルト……50g
- 牛乳……80g
- オリーブオイル……30g
- きび砂糖……15g
- 塩……小さじ½
- 粗挽き黒こしょう……少々
- ツナ(缶詰)……80g
- マヨネーズ……30g
- パセリ(みじん切り)……適量

下準備
- 薄力粉、コーンフラワー、ベーキングパウダー、塩は合わせてふるう。
- 卵は室温に戻す。
- マフィン型に紙カップを敷く。
- オーブンを170℃に温める。

作り方
❶ ツナはオイルを切って、小さめのボウルなどに入れ、マヨネーズと混ぜ合わせる。
❷ 別のボウルに卵を入れて泡立て器で軽くほぐしたら、きび砂糖を加えてよく混ぜ、しっかりとなじませる。
❸ オリーブオイルを加えてとろりとよく混ぜ、続けてプレーンヨーグルト、牛乳を加えてよく混ぜ合わせる。
❹ 粉類をふるい入れ、黒こしょう、パセリも加えて、泡立て器でさっくりと大きく、なめらかに混ぜ合わせる。
❺ 生地を型の½程度流し入れて、❶をのせ、再び生地をかぶせるようにのせる。170℃のオーブンで25分ほど焼く。

TYPE 1 スタンダード

Brunch ❸
コーンマフィン

クリームコーンを混ぜ込んだ素朴な甘みを感じるなめらかな生地と、トッピングにふりかけたコーングリッツのザラリとした口当たり。コントラストも愉快なマフィンです。

材料　直径7cmのマフィン型6個分
- 薄力粉……110g
- コーンフラワー……30g
- ベーキングパウダー……小さじ1
- 卵……1個
- 生クリーム……50g
- 牛乳……30g
- オリーブオイル……25g
- きび砂糖……15g
- 塩……小さじ½
- 粗挽き黒こしょう……少々
- クリームコーン(缶詰)……100g
- コーングリッツ……適量

下準備
- 薄力粉、コーンフラワー、ベーキングパウダー、塩は合わせてふるう。
- 卵は室温に戻す。
- マフィン型に紙カップを敷く。
- オーブンを170℃に温める。

作り方
❶ ボウルに卵を入れて泡立て器で軽くほぐしたら、きび砂糖を加えてよく混ぜ、しっかりとなじませる。
❷ オリーブオイルを加えてとろりとよく混ぜ、続けて生クリーム、牛乳を加えてよく混ぜ合わせる。
❸ 粉類をふるい入れ、黒こしょうも加えて、泡立て器でさっくりと大きく混ぜ合わせる。粉っぽさがなくなれば、クリームコーンを加え、ゴムベラで全体になめらかに混ぜ合わせる。
❹ 型に流し入れ、表面にコーングリッツを好みの量ふり、170℃のオーブンで25分ほど焼く。

なかなか使い勝手の良い、クリームコーンの缶詰。お菓子やパンのほかに、簡単なコーンスープもこれでよく作っています。

TYPE 1 スタンダード

Brunch 4
シードミックスマフィン

オーツフレーク、亜麻仁、ひまわりの種、胡麻。4つの健康素材がミックスされたサクサクのシードミックスを表面にふって焼いて、リュスティックな表情を出しました。

TYPE 1 スタンダード

Brunch 5
ブロッコリーとアンチョビのマフィン

ブロッコリーとアンチョビは、キッシュの具としてもお気に入りの組み合わせ。マフィンに取り入れてみたら、やっぱりおいしい！アンチョビにかえて、ベーコンの旨みもよく合います。

材料　直径7cmのマフィン型6個分
- 薄力粉……110g
- コーンフラワー……30g
- ベーキングパウダー……小さじ1
- 卵……1個
- 生クリーム……80g
- 牛乳……50g
- オリーブオイル……25g
- きび砂糖……20g
- 塩……小さじ½
- 粗挽き黒こしょう……少々
- クリームチーズ……80g
- シードミックス……少々

下準備
- 薄力粉、コーンフラワー、ベーキングパウダー、塩は合わせてふるう。
- 卵は室温に戻す。
- クリームチーズは約1.5cm角に切り冷蔵庫に入れておく。
- マフィン型に紙カップを敷く。
- オーブンを170℃に温める。

作り方
1. ボウルに卵を入れて泡立て器で軽くほぐしたら、きび砂糖を加えてよく混ぜ、しっかりとなじませる。
2. オリーブオイルを加えてとろりとよく混ぜ、続けて生クリーム、牛乳を加えてよく混ぜ合わせる。
3. 粉類をふるい入れ、黒こしょうも加えて、泡立て器でさっくりと大きく混ぜ合わせる。粉っぽさがなくなれば、クリームチーズを加え、ゴムベラで全体に混ぜ合わせる。
4. 型に流し入れ、表面にシードミックスを好みの量ふり、170℃のオーブンで25分ほど焼く。

眺めているだけでも何だか体によさそうな、シードミックス。私は生地に練り込むよりも、トッピングに使うことの方が多いです。

材料　直径7cmのマフィン型6個分
- 薄力粉……110g
- コーンフラワー……30g
- ベーキングパウダー……小さじ1
- 卵……1個
- 生クリーム……30g
- 牛乳……80g
- オリーブオイル……25g
- きび砂糖……15g
- 塩……小さじ½
- ブロッコリー……小½株
- アンチョビ……3〜4枚
- 白ワイン……大さじ1（あれば）
- オリーブオイル、塩、こしょう……各適量

下準備
- 薄力粉、コーンフラワー、ベーキングパウダー、塩は合わせてふるう。
- 卵は室温に戻す。
- ブロッコリー、アンチョビはそれぞれ細かく刻む。
- マフィン型に紙カップを敷く。
- オーブンを170℃に温める。

作り方
1. フライパンにオリーブオイル少々を熱し、ブロッコリーを炒める。しんなりとしてきたら、アンチョビと白ワインを加えてさっと混ぜ、軽く塩、こしょうをして火を止め、そのまま冷ます。
2. ボウルに卵を入れて泡立て器で軽くほぐしたら、きび砂糖を加えてよく混ぜ、しっかりとなじませる。
3. オリーブオイル（25g）を加えてとろりとよく混ぜ、続けて生クリーム、牛乳を加えてよく混ぜ合わせる。
4. 粉類をふるい入れ、泡立て器でさっくりと大きく混ぜ合わせる。粉っぽさがなくなったところで、❶を加え、ゴムベラで全体に混ぜ合わせる。
5. 生地を型に流し入れて、170℃のオーブンで25分ほど焼く。

MUFFIN&CAKE 37

TYPE 1 スタンダード
Brunch ❻
ハムのマフィンケーキ

角切りにしたハムだけを混ぜ込んだ、とてもベーシックな味わいのマフィンケーキ。にぎやかにたくさんの具を入れず、潔くシンプルに作った生地は、スッキリとした気持ちで1日をスタートさせたいときの朝食にぴったり。パウンド型で焼いて、好きな厚さに切り分けて。

材料　16cmのパウンド型1台分
薄力粉……110g
コーンフラワー……30g
ベーキングパウダー……小さじ1
卵……1個
プレーンヨーグルト……50g
牛乳……60g
オリーブオイル……30g
きび砂糖……15g
塩……小さじ½
黒こしょう……少々
ハム（厚切り）……80g

下準備
● 薄力粉、コーンフラワー、ベーキングパウダーは合わせてふるう。
● 卵は室温に戻す。
● ハムは小さな角切りにする。
● パウンド型にオーブンシートを敷く。
● オーブンを180℃に温める。

作り方
❶　ボウルに卵を入れて泡立て器で軽くほぐし、きび砂糖と塩を加えてよく混ぜ、しっかりとなじませる。
❷　オリーブオイルを加えてとろりとする程度までよく混ぜ、続けてプレーンヨーグルト、牛乳を加えてよく混ぜ合わせる。
❸　粉類をふるい入れ、黒こしょうを加え、ゴムベラでさっくりと大きく混ぜ合わせる(A)。粉っぽさが少し残るところでハムを加え(B)、全体を手早く混ぜ合わせる。
❹　型に流し入れ(C)、180℃のオーブンで30分ほど焼く。

A

B

C

TYPE 1 スタンダード

Brunch 7

きのことサラミのマフィンケーキ

しめじ、まいたけのほか、きのこはお好みの種類を何でも組み合わせてOK。ボリュームとアクセント付けのサラミは、ベーコンやハム、ソーセージなどにかえてもおいしく作れます。

材料　16cmのパウンド型1台分
- 薄力粉……110g
- コーンフラワー……30g
- ベーキングパウダー……小さじ1
- 卵……1個
- プレーンヨーグルト……50g
- 牛乳……60g
- オリーブオイル……30g
- きび砂糖……15g
- 塩……小さじ½
- しめじ、まいたけ……各½パック
- 玉ねぎ……¼個
- サラミ……40g
- オリーブオイル、塩、こしょう……各適量

下準備
- 薄力粉、コーンフラワー、ベーキングパウダーは合わせてふるう。
- 卵は室温に戻す。
- パウンド型にオーブンシートを敷く。
- オーブンを180℃に温める。

作り方
❶ しめじとまいたけは石づきを落とし、食べやすい大きさに切る。サラミは細切りにする。
❷ フライパンにオリーブオイル少々を熱し、しめじとまいたけを入れ、塩、こしょうをして炒める。しんなりしたらサラミを加え、さっと炒め合わせて火を止め、そのまま冷ます。
❸ ボウルに卵を入れて泡立て器で軽くほぐし、きび砂糖と塩を加えてよく混ぜ、しっかりとなじませる。
❹ オリーブオイルを加えてとろりとする程度までよく混ぜ、続けてプレーンヨーグルト、牛乳を加えてよく混ぜ合わせる。
❺ 粉類をふるい入れ、ゴムベラでさっくりと大きく混ぜ合わせる。粉っぽさが少し残るところで❷を加え、全体を手早く混ぜ合わせる。
❻ 型に流し入れ、180℃のオーブンで30分ほど焼く。

TYPE 1 スタンダード

Brunch 8

ちりめんじゃことねぎのマフィンケーキ

粉の一部を米粉にして、しっとりもちっときめ細やかに仕上げた生地は、じゃこやねぎといった和惣菜風の具材とよく合います。ねぎは2種類使うのがおいしさのポイント。

材料　16cmのパウンド型1台分
- 薄力粉……110g
- 米粉……30g
- ベーキングパウダー……小さじ1
- 卵……1個
- 生クリーム……30g
- 牛乳……70g
- 太白胡麻油……25g
- きび砂糖……15g
- 塩……小さじ½
- ちりめんじゃこ……30g
- 万能ねぎ……1束
- 長ねぎ……½本
- しょう油……小さじ1
- 胡麻油、こしょう、白胡麻……各適量

下準備
- 薄力粉、米粉、ベーキングパウダーは合わせてふるう。
- 卵は室温に戻す。
- パウンド型にオーブンシートを敷く。
- オーブンを180℃に温める。

作り方
❶ ねぎは2種類とも小口切りにする。
❷ フライパンに胡麻油少々を熱し、ちりめんじゃことねぎを入れて炒め合わせる。しょう油とこしょうで調味して火を止め、そのまま冷ます。
❸ ボウルに卵を入れて泡立て器で軽くほぐし、きび砂糖と塩を加えてよく混ぜ、しっかりとなじませる。
❹ 太白胡麻油を加えてとろりとする程度までよく混ぜ、続けて生クリーム、牛乳を加えてよく混ぜ合わせる。
❺ 粉類をふるい入れ、ゴムベラでさっくりと大きく混ぜ合わせる。粉っぽさが少し残るところで❷を加え、全体を手早く混ぜ合わせる。
❻ 型に入れ、表面に白胡麻をふり、180℃のオーブンで30分ほど焼く。

TYPE 1 スタンダード

Brunch 9

カマンベールとくるみのマフィン

くるみ入りの生地でカマンベールを包み込み、マフィンの表面にもカマンベールをのせて。トッピングのカマンベールがじわじわ焼けながら、周りに溶けて広がるワイルドな表情も魅力。

材料　直径7cmのマフィン型6個分
- 薄力粉……110g
- コーンフラワー……30g
- ベーキングパウダー……小さじ1
- 卵……1個
- プレーンヨーグルト……50g
- 牛乳……80g
- オリーブオイル……30g
- きび砂糖……15g
- 塩……小さじ½
- 粗挽き黒こしょう……少々
- カマンベールチーズ……1個(100g)
- くるみ……50g

下準備
- 薄力粉、コーンフラワー、ベーキングパウダー、塩は合わせてふるう。
- 卵は室温に戻す。
- くるみは160℃のオーブンで6〜8分ほど空焼きして冷まし、細かく刻む。
- カマンベールチーズは12等分し、冷蔵庫に入れておく。
- マフィン型に紙カップを敷く。
- オーブンを170℃に温める。

作り方
❶ ボウルに卵を入れて泡立て器で軽くほぐしたら、きび砂糖を加えてよく混ぜ、しっかりとなじませる。
❷ オリーブオイルを加えてとろりとよく混ぜ、続けてプレーンヨーグルト、牛乳を加えてよく混ぜ合わせる。
❸ 粉類をふるい入れ、黒こしょうとくるみも加えて、ゴムベラでさっくりと大きく、なめらかに混ぜ合わせる。
❹ 生地を型の½程度流し入れて、カマンベールチーズを1個のせ、再び生地をかぶせるようにのせる。再びカマンベールチーズを1個トッピングしたら、170℃のオーブンで25分ほど焼く。

TYPE 1 スタンダード

Brunch 10

アボカドとツナのマフィン

ツナにとろりとからまったサワークリームの酸味が、まったりとしたアボカド生地の中で爽やか。サワークリームがポイントですが、クリームチーズでもいいし、なければ入れずに作っても。

材料　直径7cmのマフィン型6個分
- 薄力粉……110g
- コーンフラワー……30g
- ベーキングパウダー……小さじ1
- 卵……1個
- プレーンヨーグルト……50g
- 牛乳……60g
- オリーブオイル……25g
- きび砂糖……15g
- 塩……小さじ½
- アボカド……1個
- レモン汁……少々
- ツナ(水煮)……小1缶(80g)
- サワークリーム……適量

下準備
- 薄力粉、コーンフラワー、ベーキングパウダーは合わせてふるう。
- 卵は室温に戻す。
- マフィン型に紙カップを敷く。
- オーブンを170℃に温める。

作り方
❶ アボカドは種と皮を除いてフォークなどでざっとつぶし、レモン汁をふる。ツナは汁気を切る。
❷ ボウルに卵を入れて泡立て器で軽くほぐし、きび砂糖と塩を加えてよく混ぜ、しっかりとなじませる。
❸ オリーブオイルを加えてとろりとする程度までよく混ぜ、続けてプレーンヨーグルト、牛乳を加えてよく混ぜ合わせる。
❹ 粉類をふるい入れ、ゴムベラでさっくりと大きく混ぜ合わせる。粉っぽさが少し残るところでつぶしたアボカドを加え、全体を手早く混ぜ合わせる。
❺ 生地を型の½程度入れて、ツナとサワークリームを適量ずつ入れ、再び生地をかぶせるようにのせる。170℃のオーブンで25分ほど焼く。

TYPE 1 スタンダード
Brunch 11

かぼちゃとブロッコリーと赤ピーマンのマフィンケーキ

かぼちゃの黄、ブロッコリーの緑、赤ピーマンの赤。たくさんの野菜がカラフルに入っていると、見ているだけでもヘルシーな気持ちになれそう。これに旬野菜のスープなどを添えて、体にやさしいブランチタイムを。

材料　16cmのパウンド型1台分

- 薄力粉……110g
- コーンフラワー……30g
- ベーキングパウダー……小さじ1
- 卵……1個
- プレーンヨーグルト……30g
- 牛乳……70g
- オリーブオイル……30g
- きび砂糖……15g
- 塩……小さじ1弱
- かぼちゃ（正味）……100g
- ブロッコリー……½株
- 赤ピーマン……1個

下準備
- 薄力粉、コーンフラワー、ベーキングパウダーは合わせてふるう。
- 卵は室温に戻す。
- パウンド型にオーブンシートを敷く。
- オーブンを180℃に温める。

作り方

❶ かぼちゃは皮とわたを除いて適当な大きさに切り、蒸すか電子レンジにかけてやわらかく加熱し、ざっとつぶす。ブロッコリーは食べやすい大きさに、赤ピーマンは粗めのみじん切りにする。

❷ ボウルに卵を入れて泡立て器で軽くほぐし、きび砂糖と塩を加えてよく混ぜ、しっかりとなじませる。

❸ オリーブオイルを加えてとろりとする程度までよく混ぜ、続けてプレーンヨーグルト、牛乳を加えてよく混ぜ合わせる。

❹ 粉類をふるい入れ、ゴムベラでさっくりと大きく混ぜ合わせる。粉っぽさが少し残るところで❶のかぼちゃ、ブロッコリーと赤ピーマンを順に加え、全体を手早く混ぜ合わせる。

❺ 型に入れ、180℃のオーブンで30分ほど焼く。

TYPE 1 スタンダード

Brunch 12

キャベツとソーセージのカレーマフィン

せん切りキャベツが混ざったカレー味の生地の中に、粗挽きのソーセージと粒マスタードを忍ばせました。粒マスタードの量はお好みで加減を。私はたっぷりめが好きです。

材料　直径7cmのマフィン型6個分
- 薄力粉……110g
- ベーキングパウダー……小さじ1
- ポテトフレーク……30g
- 卵……1個
- プレーンヨーグルト……50g
- 牛乳……80g
- オリーブオイル……30g
- きび砂糖……15g
- 塩……小さじ½
- キャベツ……⅛個
- ソーセージ……4本
- トマトケチャップ……大さじ½
- カレー粉……小さじ1
- オリーブオイル、塩、こしょう、粒マスタード……各適量

下準備
- 薄力粉、ベーキングパウダーは合わせてふるう。
- 卵は室温に戻す。
- マフィン型に紙カップを敷く。
- オーブンを170℃に温める。

作り方

❶ キャベツはせん切りに、ソーセージは2cm長さに切る。

❷ フライパンにオリーブオイル少々を熱し、キャベツを入れて炒める。しんなりしたら、トマトケチャップとカレー粉を加え、軽く塩、こしょうをして、そのまま冷ます。

❸ ボウルに卵を入れて泡立て器で軽くほぐし、きび砂糖と塩を加えてよく混ぜ、しっかりとなじませる。

❹ オリーブオイルを加えてとろりとする程度までよく混ぜ、続けてプレーンヨーグルト、牛乳を加えてよく混ぜ合わせる。

❺ 粉類をふるい入れ、ポテトフレークも加えてゴムベラでさっくりと大きく混ぜ合わせる。粉っぽさが少し残るところで❷を加え、全体を手早く混ぜ合わせる。

❻ 生地を型の½程度入れて、ソーセージを適量ずつ散らし入れ、中央に粒マスタードを好みの量のせたら、再び生地をかぶせるようにのせる。170℃のオーブンで25分ほど焼く。

TYPE 1 スタンダード

Brunch 13

アスパラガスと生ハムチーズのマフィン

さりげなく大人っぽいこんなマフィンには、シャンパンや白ワインを開けて、のんびりとした時間を過ごしたくなります。おつまみマフィンの定番に、いかがですか？

材料　直径7cmのマフィン型6個分
- 薄力粉……110g
- ベーキングパウダー……小さじ1
- ポテトフレーク……30g
- 卵……1個
- プレーンヨーグルト……50g
- 牛乳……80g
- オリーブオイル……30g
- きび砂糖……15g
- 塩……小さじ½
- アスパラガス……3本
- 生ハム……4枚
- スライスチーズ……2枚

下準備
- 薄力粉、ベーキングパウダーは合わせてふるう。
- 卵は室温に戻す。
- マフィン型に紙カップを敷く。
- オーブンを170℃に温める。

作り方

❶ アスパラガスは2～3cm長さに切る。2等分したスライスチーズを生ハムの上にのせてくるくる巻き、1本を3等分する。

❷ ボウルに卵を入れて泡立て器で軽くほぐし、きび砂糖と塩を加えてよく混ぜ、しっかりとなじませる。

❸ オリーブオイルを加えてとろりとする程度までよく混ぜ、続けてプレーンヨーグルト、牛乳を加えてよく混ぜ合わせる。

❹ 粉類をふるい入れ、ポテトフレークも加えてゴムベラでさっくりと大きく混ぜ合わせる。

❺ 生地を型の⅔程度入れて、アスパラガス適量と生ハムチーズを2個ずつ、差し込むようにしてのせ、再び生地をかぶせるようにのせる。170℃のオーブンで25分ほど焼く。

TYPE 1 スタンダード

Brunch 14

マルチシリアルとくるみ、ゴーダチーズのマフィン

噛みしめるごとに伝わる雑穀の香ばしさが嬉しい、マルチシリアル。これを使ったスコーンやパンも、ときどき焼いています。ここでは、シチューやポトフなどに添え、食事パンとして食べてもおいしいマフィンを。コリコリのくるみ、クセがなくまろやかなゴーダチーズを一緒に焼き込みました。

材料　直径7cmのマフィン型6個分

- 薄力粉……90g
- ベーキングパウダー……小さじ1
- マルチシリアル……20g
- ポテトフレーク……30g
- 卵……1個
- プレーンヨーグルト……50g
- 牛乳……80g
- オリーブオイル……30g
- きび砂糖……15g
- 塩……小さじ½
- くるみ……50g
- ゴーダチーズ……50g

下準備

- 薄力粉、ベーキングパウダーは合わせてふるう。
- 卵は室温に戻す。
- マフィン型に紙カップを敷く。
- オーブンを170℃に温める。

作り方

❶ くるみは粗く砕く（包丁で刻むか、ビニール袋に入れてめん棒などで叩く）。ゴーダチーズは1～1.5cm角に切る。

❷ ボウルに卵を入れて泡立て器で軽くほぐし、きび砂糖と塩を加えてよく混ぜ、しっかりとなじませる。

❸ オリーブオイルを加えてとろりとする程度までよく混ぜ、続けてプレーンヨーグルト、牛乳を加えてよく混ぜ合わせる。

❹ 粉類をふるい入れ、マルチシリアル、ポテトフレークも加えてゴムベラでさっくりと大きく混ぜ合わせる。粉っぽさが少し残るところで、くるみとゴーダチーズを加え、全体を手早く混ぜ合わせる。

❺ 型に入れ、170℃のオーブンで25分ほど焼く。

TYPE 2 シフォンマフィン
Sweet 1
スイートプレーン

とろりと仕上げた卵黄生地に、メレンゲを合わせれば生地の完成。メレンゲは、「しっかりとツノが立つ」ではなく、「やわらかなツノが立つ」程度、ツノの先がとろりとおじぎする状態に泡立てるといいです。風味に奥行きを持たせるために牛乳を使いましたが、水で作るとあっさり仕上がります。

材料　直径7cmのマフィン型6個分
薄力粉……35g
グラニュー糖……30g
卵白……2個分
卵黄……1個分
牛乳……30g
サラダ油……15g
塩……ひとつまみ

下準備
● 薄力粉はふるう。
● マフィン型に紙カップを敷く。
● オーブンを160℃に温める。

作り方
❶ ボウルに卵黄を入れて泡立て器でほぐし、牛乳、サラダ油を順に加えて、その都度よく混ぜる。薄力粉をふるい入れ、なめらかになるまでよく混ぜる(A)。
❷ 別のボウルに卵白と塩を入れてハンドミキサーで軽くほぐし、グラニュー糖を少しずつ加えながら泡立てて、ツヤのあるメレンゲ(七〜八分立て程度)を作る(B)。
❸ ❷のメレンゲを❶にひとすくい加え、ぐるぐるっとよくなじませましたら、❷のボウルに流し入れて、ゴムベラで底から大きく手早く均一に混ぜ合わせる(C)。
❹ 型に流し入れ(D)、160℃のオーブンで12〜15分ほど焼く。

A

B

C

D

TYPE 2 シフォンマフィン
Sweet 2
紅茶のマフィン

豊かな紅茶の香りを、マフィンの中にふわりと閉じ込めました。このままでも十分においしいけれど、ほわっと泡立てた無糖の生クリームをのせると、さらにおいしくいただけます。

材料　直径7cmのマフィン型6個分
薄力粉……35g
グラニュー糖……30g
卵白……2個分
卵黄……1個分
牛乳……30g
サラダ油……15g
塩……ひとつまみ
紅茶の葉……4g（ティーバッグなら2袋）
ホイップクリーム、粉砂糖……各適量

下準備
- 薄力粉はふるう。
- 紅茶の葉は細かく刻む（ティーバッグならそのまま使用してOK）。
- マフィン型に紙カップを敷く。
- オーブンを160℃に温める。

作り方
❶ ボウルに卵黄を入れて泡立て器でほぐし、牛乳、サラダ油、紅茶の葉を順に加えて、その都度よく混ぜる。薄力粉をふるい入れ、なめらかになるまでよく混ぜる。
❷ 別のボウルに卵白と塩を入れてハンドミキサーで軽くほぐし、グラニュー糖を少しずつ加えながら泡立てて、ツヤのあるメレンゲ（七〜八分立て程度）を作る。
❸ ❷のメレンゲを❶にひとすくい加え、ぐるぐるっとよくなじませたら、❷のボウルに流し入れて、ゴムベラで底から大きく手早く均一に混ぜ合わせる。
❹ 型に流し入れ、160℃のオーブンで12〜15分ほど焼く。
❺ 好みでホイップクリームを絞り、粉砂糖をふる。

細かな茶葉の入ったティーバッグなら、刻まずそのまま使えます。チャイのティーバッグを使って「チャイマフィン」など、フレーバーのついた茶葉も豊富に出回っているので、いろいろ試してみて。

MUFFIN&CAKE

TYPE 2 シフォンマフィン

Sweet 3
バナナマフィン

黒茶色の斑点がポツポツと出始めて、甘く熟したバナナがあれば、迷わずお菓子に焼き込んでしまいましょう。小さな耐熱陶器の白いカップを型にして、たまにはこんな風にスプーンですくっていただくスタイルも、新鮮で愛らしいです。

材料　6個分
薄力粉……35g
グラニュー糖……30g
卵白……2個分
卵黄……1個分
プレーンヨーグルト……30g
サラダ油……15g
塩……ひとつまみ
バナナ……70g（正味）

下準備
● 薄力粉はふるう。
● バナナはフォークなどでざっとつぶす。
● マフィン型を使用する場合は紙カップを敷く。
● オーブンを160℃に温める。

作り方
❶　ボウルに卵黄を入れて泡立て器でほぐし、プレーンヨーグルト、サラダ油、バナナを順に加えて、その都度よく混ぜる。薄力粉をふるい入れ、なめらかになるまでよく混ぜる。
❷　別のボウルに卵白と塩を入れてハンドミキサーで軽くほぐし、グラニュー糖を少しずつ加えながら泡立てて、ツヤのあるメレンゲ（七〜八分立て程度）を作る。
❸　❷のメレンゲを❶にひとすくい加え、ぐるぐるっとよくなじませましたら、❷のボウルに流し入れて、ゴムベラで底から大きく手早く均一に混ぜ合わせる。
❹　型に流し入れ、160℃のオーブンで12〜15分ほど焼く。

TYPE 2 シフォンマフィン

Sweet 4
ブルーベリーマフィン

フルーツを入れたさっぱりマフィンもやっぱり外せません。水分をヨーグルトにした生地ですが、酸味は際立たずマイルド。ブルーベリーの甘酸っぱさをしっかりと受け止めてくれています。

材料　直径7cmのマフィン型6個分
薄力粉……35g
グラニュー糖……30g
卵白……2個分
卵黄……1個分
プレーンヨーグルト……30g
サラダ油……15g
塩……ひとつまみ
ブルーベリー（缶詰）……80g

下準備
- 薄力粉はふるう。
- ブルーベリーはキッチンペーパーなどに取り、水気を切っておく。
- マフィン型に紙カップを敷く。
- オーブンを160℃に温める。

作り方

❶ ボウルに卵黄を入れて泡立て器でほぐし、プレーンヨーグルト、サラダ油を順に加えて、その都度よく混ぜる。薄力粉をふるい入れ、なめらかになるまでよく混ぜる。続けてブルーベリーを加え、ゴムベラで全体にざっと混ぜる。

❷ 別のボウルに卵白と塩を入れてハンドミキサーで軽くほぐし、グラニュー糖を少しずつ加えながら泡立てて、ツヤのあるメレンゲ（七〜八分立て程度）を作る。

❸ ❷のメレンゲを❶にひとすくい加え、ぐるぐるっとよくなじませたら、❷のボウルに流し入れて、ゴムベラで底から大きく手早く均一に混ぜ合わせる。

❹ 型に流し入れ、160℃のオーブンで12〜15分ほど焼く。

TYPE 2 シフォンマフィン

Sweet 5
レモンとホワイトチョコのマフィン

爽やかなレモンの香りと、うっとり甘いホワイトチョコレートのマリアージュ。溶かしたホワイトチョコとホイップクリーム、粉砂糖で薄化粧して、キュートで上品さのあるお菓子に仕上げました。

材料　直径7cmのマフィン型6個分
薄力粉……35g
グラニュー糖……35g
卵白……2個分
卵黄……1個分
プレーンヨーグルト……25g
レモン汁……5g
サラダ油……15g
塩……ひとつまみ
レモンの皮のすりおろし
……1個分
製菓用ホワイトチョコレート
……10g
トッピング用の製菓用ホワイトチョコレート、ホイップクリーム、粉砂糖……各適量

下準備
- 薄力粉はふるう。
- 製菓用ホワイトチョコレートは細かく刻み、冷蔵庫に入れておく。
- マフィン型に紙カップを敷く。
- オーブンを160℃に温める。

作り方

❶ ボウルに卵黄を入れて泡立て器でほぐし、プレーンヨーグルト、サラダ油、レモン汁とレモンの皮のすりおろしを順に加えて、その都度よく混ぜる。薄力粉をふるい入れ、なめらかになるまでよく混ぜる。

❷ 別のボウルに卵白と塩を入れてハンドミキサーで軽くほぐし、グラニュー糖を少しずつ加えながら泡立てて、ツヤのあるメレンゲ（七〜八分立て程度）を作る。

❸ ❷のメレンゲを❶にひとすくい加え、ぐるぐるっとよくなじませたら、❷のボウルに流し入れる。ホワイトチョコレートも加えて、ゴムベラで底から大きく手早く均一に混ぜ合わせる。

❹ 型に流し入れ、160℃のオーブンで12〜15分ほど焼く。

❺ 仕上げに、電子レンジか湯せんにかけて溶かしたホワイトチョコレートを塗り、その上にホイップクリームをのせ、粉砂糖をふる。

TYPE 3 スクエアケーキ
Sweet 1
スイートプレーン

アーモンドパウダーを配合しているので、シンプルでありながらも奥深い味わい。焼いたその日に食べても、翌日のしっとりさが増した頃に食べても美味。ここではスイートスクエアと呼んでいるので角型を使っていますが、15～16cmの丸型を使っても、同じようにおいしく焼けます。

材料　15cmのスクエア型1台分
薄力粉……50g
アーモンドパウダー……30g
ベーキングパウダー……小さじ¼
卵……1個
グラニュー糖……45g
サラダ油……30g
プレーンヨーグルト……50g
塩……ひとつまみ
レモンの皮のすりおろし
……½個分（あれば）
ホイップクリーム、粉砂糖……各適量

下準備
● 薄力粉、アーモンドパウダー、ベーキングパウダー、塩は合わせてふるう。
● 卵は室温に戻す。
● スクエア型にオーブンシートを敷く。
● オーブンを170℃に温める。

A

B

C

作り方
❶ ボウルに卵を溶きほぐし、グラニュー糖を加えて、ハンドミキサーで白っぽくもったりとするまで泡立てる（湯煎にかけると泡立ちやすい）(A)。
❷ プレーンヨーグルトを加えてざっと混ぜたら、粉類をふるい入れ(B)、レモンの皮も加えて、ゴムベラで底から大きくすくうようにして混ぜ合わせる。粉っぽさがなくなれば、サラダ油を加え、全体を均一に混ぜ合わせる。
❸ 型に流し入れ(C)、170℃のオーブンで25〜30分ほど焼く。
❹ 仕上げに、好みでホイップクリームをのせ、粉砂糖をふる。

TYPE 3　スクエアケーキ
Sweet ❷
ミックスベリーのケーキ

キュンとくるようなベリーの甘酸っぱさが詰まった、キューティーな味わいのお菓子。ラズベリー、ブルーベリー、レッドカラントの入った冷凍のベリーを散らしています。

材料　15cmのスクエア型1台分
薄力粉……50g
アーモンドパウダー……30g
ベーキングパウダー……小さじ¼
卵……1個
グラニュー糖……45g
サラダ油……30g
プレーンヨーグルト……50g
塩……ひとつまみ
好みのベリー（ここでは冷凍のミックスベリーを使用）……60g

下準備
● 薄力粉、アーモンドパウダー、ベーキングパウダー、塩は合わせてふるう。
● 卵は室温に戻す。
● スクエア型にオーブンシートを敷く。
● オーブンを170℃に温める。

作り方
❶ ボウルに卵を溶きほぐし、グラニュー糖を加えて、ハンドミキサーで白っぽくもったりとするまで泡立てる（湯煎にかけると泡立ちやすい）。
❷ プレーンヨーグルトを加えてざっと混ぜたら、粉類をふるい入れ、ゴムベラで底から大きくすくうようにして混ぜ合わせる。粉っぽさがなくなれば、サラダ油を加え、全体を均一に混ぜ合わせる。
❸ 型に流し入れ、表面にベリーを散らす。170℃のオーブンで25〜30分ほど焼く。

TYPE 3　スクエアケーキ

Sweet ③
さつまいものケーキ

こちらはちょっと変わり種、クリームチーズとさつまいもを混ぜ込んだ、チーズケーキみたいなスイートスクエアです。さつまいもは、市販の焼きいもを使っても。

材料　18×12cmの耐熱容器1台分
- 薄力粉……20g
- クリームチーズ……100g
- 卵……1個
- きび砂糖……20g
- メープルシロップ……大さじ2
- 牛乳……大さじ1
- 塩……ひとつまみ
- さつまいも……120g（正味）

下準備
- 薄力粉、塩は合わせてふるう。
- クリームチーズと卵は室温に戻す。
- さつまいもは、やわらかく蒸してつぶしておく。
- 器にオーブンシートを敷くか、サラダ油を薄く塗る。
- オーブンを160℃に温める。

作り方
❶ ボウルにクリームチーズを入れてやわらかく練り、メープルシロップと牛乳を加えてよく混ぜる。
❷ 別のボウルに卵を溶きほぐし、きび砂糖を加えて、ハンドミキサーで白っぽくもったりとするまで泡立てる（湯煎にかけると泡立ちやすい）。
❸ ❷のボウルに❶を加えてざっと混ぜたら、粉類をふるい入れ、ゴムベラで底から大きくすくうようにして混ぜ合わせる。粉っぽさがなくなれば、さつまいもを加え、全体を均一に混ぜ合わせる。
❹ 型に流し入れ、160℃のオーブンで30〜35分ほど焼く。

TYPE 3　スクエアケーキ

Sweet ④
黒糖とラムのケーキ

黒砂糖の力強さに負けないようマスカルポーネチーズでコクをプラスして、余韻ある味わいに。仕上げのラム酒もこのお菓子のポイント。たっぷりとしみ込ませて。

材料　18×12cmの耐熱容器1台分
- 薄力粉……50g
- ベーキングパウダー……小さじ¼
- くるみ……30g
- 卵……1個
- 黒砂糖（粉状のもの）……45g
- サラダ油……25g
- マスカルポーネチーズ……50g
- 塩……ひとつまみ
- ラム酒……大さじ2

下準備
- 薄力粉、ベーキングパウダー、塩は合わせてふるう。
- 卵は室温に戻す。
- くるみはフードプロセッサーでパウダー状にするか、できるだけ細かく刻む。
- マスカルポーネチーズは電子レンジにかけてやわらかくしておく。
- 器にオーブンシートを敷くか、サラダ油を薄く塗る。
- オーブンを170℃に温める。

作り方
❶ ボウルに卵を溶きほぐし、黒砂糖を加えて、ハンドミキサーでやや白っぽくもったりとするまで泡立てる（湯煎にかけると泡立ちやすい）。
❷ マスカルポーネチーズを加えてざっと混ぜたら、粉類をふるい入れ、くるみも加えて、ゴムベラで底から大きくすくうようにして混ぜ合わせる。粉っぽさがなくなれば、サラダ油を加え、全体を均一に混ぜ合わせる。
❸ 器に流し入れ、170℃のオーブンで25〜30分ほど焼く。焼き上がったらケーキが熱いうちに、表面にラム酒を刷毛でしみ込ませる。

TYPE 3 スクエアケーキ
Sweet ❺
オレンジピールのケーキ

オレンジスライスと呼ばれる、しっとりとやわらかなピールを使いました。焼き上がってすぐの表面にグランマニエを塗ると、大人っぽく、香り高く仕上がります。

TYPE 3 スクエアケーキ
Sweet ❻
ピーカンナッツとコーヒーマーブルのケーキ

マーブル模様にしたコーヒー風味の生地に、砕いたピーカンナッツを混ぜ込んで、ケーキの表面にも整列させました。マスカルポーネチーズを使ったコクのあるリッチな一品です。

材料　15cmのスクエア型1台分
薄力粉……50g
アーモンドパウダー……30g
ベーキングパウダー……小さじ¼
卵……1個
グラニュー糖……45g
サラダ油……30g
サワークリーム……50g
塩……ひとつまみ
オレンジピール……50g

下準備
● 薄力粉、アーモンドパウダー、ベーキングパウダー、塩は合わせてふるう。
● 卵は室温に戻す。
● サワークリームは電子レンジにかけてやわらかくしておく。
● スクエア型にオーブンシートを敷く。
● オーブンを170℃に温める。

作り方
❶ ボウルに卵を溶きほぐし、グラニュー糖を加えて、ハンドミキサーで白っぽくもったりとするまで泡立てる（湯煎にかけると泡立ちやすい）。
❷ サワークリームを加えてざっと混ぜたら、粉類をふるい入れ、ゴムベラで底から大きくすくうようにして混ぜ合わせる。まだ粉っぽさが残る状態でオレンジピールを加え、続けて混ぜる。粉っぽさがなくなれば、サラダ油を加え、全体を均一に混ぜ合わせる。
❸ 型に流し入れ、170℃のオーブンで25～30分ほど焼く。

材料　15cmのスクエア型1台分
薄力粉……50g
アーモンドパウダー……20g
ピーカンナッツ……20g
ベーキングパウダー……小さじ¼
卵……1個
きび砂糖……45g
サラダ油……30g
マスカルポーネチーズ……50g
塩……ひとつまみ
インスタントコーヒー……大さじ½
コーヒーリキュール……小さじ1
トッピング用ピーカンナッツ……12粒

下準備
● 薄力粉、アーモンドパウダー、ベーキングパウダー、塩は合わせてふるう。
● 卵は室温に戻す。
● ピーカンナッツ（20g）は160℃のオーブンで6～8分空焼きして冷まし、粗く砕く。
● インスタントコーヒーはリキュールで溶く。
● マスカルポーネチーズは電子レンジにかけてやわらかくしておく。
● スクエア型にオーブンシートを敷く。
● オーブンを170℃に温める。

作り方
❶ ボウルに卵を溶きほぐし、きび砂糖を加えて、ハンドミキサーでやや白っぽくもったりとするまで泡立てる（湯煎にかけると泡立ちやすい）。
❷ マスカルポーネチーズを加えてざっと混ぜたら、粉類をふるい入れ、ピーカンナッツも加えて、ゴムベラで底から大きくすくうようにして混ぜ合わせる。粉っぽさがなくなれば、サラダ油を加え、全体を均一に混ぜ合わせる。
❸ ❷の½量を別のボウルに取ってコーヒー液を混ぜ、コーヒー生地を作る。それを❷のボウルに戻し入れ、1～2回ざっくりと混ぜてマーブル模様を作る。
❹ 型に流し入れ、トッピング用のピーカンナッツを並べ、170℃のオーブンで25～30分ほど焼く。

パイ & タルト
PIE & TART

サクサク、ざっくり、軽快な歯応えが嬉しいタルトやパイ。バターではなくオイルを使うと、びっくりするほど簡単に短時間で生地作りが完成します。視点を「バターの風味や香りを楽しむこと」から、「手間なく簡単にサクサク食感を楽しむこと」へシフトすれば、オイルで作るレシピは本当に魅力的。バターが溶け出さないよう気を使うことも、生地を休ませる時間も不要です。

また、タルトとパイといえば、生地をのばして型に敷き込むという少し面倒なプロセスが必要ですが、この本ではそんな難しい作業も省いてしまいました。タルトは、ぽろぽろにした生地を型に入れ、手で押さえて敷き詰めるだけ。パイは、型を使わずフリーハンドで成形します。コーヒーや紅茶によく合う甘いタルトと、ピザみたいな感覚で食べたいお食事系のパイ。お菓子のおいしさだけでなく、レシピの手軽さも味わってみてくださいね。

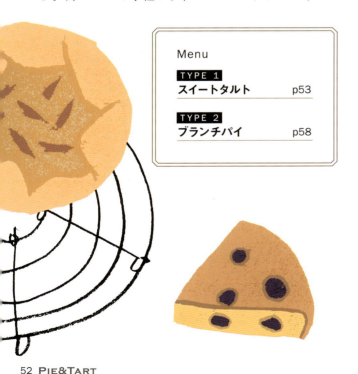

Menu
TYPE 1
スイートタルト　　p53
TYPE 2
ブランチパイ　　p58

TYPE 1 スイートタルト
Sweet 1
スイートプレーン

さっくりと軽やかなタルト台に、ラム酒がほんのりと香るリッチなアーモンドクリームを広げて焼きました。時間が経つうちに、しっとりさを帯びてなじんでくるタルト生地もまたおいしい。ラム酒のかわりに、ブランデーやグランマニエを使ってもいいですね。ごくシンプルなタルトは、粉砂糖をかけて仕上げるほか、生クリームとフルーツでデコレーションして仕上げても豪華です。

材料　直径15cmの底が取れる丸型1台分

タルト生地
A ｜ 薄力粉……55g
　｜ グラニュー糖……15g
　｜ 塩……ひとつまみ
サラダ油……20g
牛乳……5g

アーモンドクリーム
卵……1個
グラニュー糖……40g
アーモンドパウダー……60g
薄力粉……5g
生クリーム……30g
ラム酒……大さじ1

下準備
- 卵は室温に戻す。
- 型にサラダ油（分量外）を薄く塗る。
- オーブンを180℃に温める。

作り方

❶ タルト生地を作る。フードプロセッサーにAを入れ、軽く回してふるい合わせる。サラダ油を加え、スイッチのオンとオフを繰り返しながら混ぜる。サラサラの状態に混ざれば(A) 牛乳を加え、スイッチのオンとオフを繰り返しながら混ぜて、ぽろぽろのそぼろ状にする(B)。

❷ ❶を型に入れ、底にきっちりと敷き詰めて平らにならし、フォークで底面に空気穴をあける(C)。

❸ アーモンドクリームを作る。ボウルに材料を順に加え、泡立て器でその都度よく混ぜ、なめらかな状態にする（フードプロセッサーで一度に混ぜてもOK）。

❹ ❸を型に流し入れ(D)、表面を平らにならす。180℃のオーブンで30〜35分ほど焼く。

フードプロセッサーがない場合

❶ ボウルに薄力粉と塩をふるい入れ、グラニュー糖を加えて泡立て器でぐるぐるっと混ぜる。サラダ油を加え、ぽろぽろとした大きめのかたまりができるくらいまでフォークで混ぜる(E)。牛乳を加えて混ぜ、牛乳がなじんだら、指先や手のひらですり合わせるようにして、ぽろぽろのそぼろ状にする(F)。これ以降は、上の❷からと同じ。

A

B

C

D

E

F

TYPE 1 スイートタルト

Sweet ②
ダークチェリーのタルト

スイートプレーンをマスターしたら、そのレシピをベースにフルーツを焼き込むアレンジにも挑戦してみて。ここでは缶詰のダークチェリーを散らしましたが、洋梨やアプリコットでもよく作ります。栗の甘露煮や鹿の子豆を使い、和風にアレンジしても素敵です。

下準備
- 卵は室温に戻す。
- ダークチェリーはキッチンペーパーなどの上にのせて汁気を切る。
- 型にサラダ油（分量外）を薄く塗る。
- オーブンを180℃に温める。

材料　直径15cmの底が取れる丸型1台分

タルト生地

A
- 薄力粉……55g
- グラニュー糖……15g
- 塩……ひとつまみ

サラダ油……20g
牛乳……5g

アーモンドクリーム
- 卵……1個
- グラニュー糖……40g
- アーモンドパウダー……60g
- 薄力粉……5g
- 生クリーム……35g

ダークチェリー……½缶（20粒ほど）
粉砂糖……適量

作り方

❶ タルト生地を作る。フードプロセッサーにAを入れ、軽く回してふるい合わせる。サラダ油を加え、スイッチのオンとオフを繰り返しながら混ぜる。サラサラの状態に混ざれば牛乳を加え、スイッチのオンとオフを繰り返しながら混ぜて、ぽろぽろのそぼろ状にする。

❷ ❶を型に入れ、底にきっちりと敷き詰めて平らにならし、フォークで底面に空気穴をあける。

❸ アーモンドクリームを作る。ボウルに材料を順に加え、泡立て器でその都度よく混ぜ、なめらかな状態にする（フードプロセッサーで一度に混ぜてもOK）。

❹ ❸を型に流し入れ、ダークチェリーを散らす。180℃のオーブンで30〜35分ほど焼く。冷めてから、好みで粉砂糖をふって仕上げる。

フードプロセッサーがない場合

❶ ボウルに薄力粉と塩をふるい入れ、グラニュー糖を加えて泡立て器でぐるぐるっと混ぜる。サラダ油を加え、ぽろぽろとした大きめのかたまりができるくらいまでフォークで混ぜ、牛乳を加えて混ぜ、牛乳がなじんだら、指先や手のひらですり合わせるようにして、ぽろぽろのそぼろ状にする。これ以降は、上の❷からと同じ。

TYPE 1 スイートタルト

Sweet ③
ココナッツとコーヒーのタルト

ぽろぽろな生地の形状を活かして、半量をタルト台に、もう半量をトッピングに使う、クランブルタルトのレシピです。間に挟んだのは、インスタントコーヒーで風味付けした甘いココナッツクリーム。コーヒーによく合うトロピカルなタルトです。

下準備
- 卵は室温に戻す。
- 型にサラダ油（分量外）を薄く塗る。
- オーブンを180℃に温める。

材料　直径15cmの底が取れる丸型1台分

タルト生地

A
- 薄力粉……70g
- アーモンドパウダー……25g
- グラニュー糖……20g
- 塩……ひとつまみ

- サラダ油……30g
- 牛乳……5g

ココナッツクリーム

B
- 卵……½個分
- グラニュー糖……20g
- コンデンスミルク……20g
- ココナッツファイン……35g
- 薄力粉……5g
- 生クリーム……20g

- インスタントコーヒー（顆粒）……小さじ2

作り方

❶ タルト生地を作る。フードプロセッサーにAを入れ、軽く回してふるい合わせる。サラダ油を加え、スイッチのオンとオフを繰り返しながら混ぜる。サラサラの状態に混ざれば牛乳を加え、スイッチのオンとオフを繰り返しながら混ぜて、ぽろぽろのそぼろ状にする。

❷ ❶の½量を型に入れ、底にきっちりと敷き詰めて平らにならし、フォークで底面に空気穴をあける。

❸ ココナッツクリームを作る。ボウルにBの材料を順に加え、泡立て器でその都度よく混ぜてなめらかな状態にし、インスタントコーヒーを加えて全体に混ぜる（フードプロセッサーで一度に混ぜてもOK）。

❹ ❸を型に流し入れ、表面を平らにならし、残りの❶を表面に散らす。手でそっと押さえて落ち着かせ、180℃のオーブンで30〜35分ほど焼く。

フードプロセッサーがない場合

❶ ボウルに薄力粉と塩をふるい入れ、グラニュー糖を加えて泡立て器でぐるぐるっと混ぜる。サラダ油を加え、ぽろぽろとした大きめのかたまりができるくらいまでフォークで混ぜる。牛乳を加えて混ぜ、牛乳がなじんだら、指先や手のひらですり合わせるようにして、ぽろぽろのそぼろ状にする。これ以降は、上の❷からと同じ。

TYPE 1　スイートタルト

Sweet ④
チーズクリームのタルト

ベイクドチーズケーキみたいなクリーミーなチーズ生地と、くるみを加えた香ばしいタルト生地の組み合わせ。タルト生地の食感をより楽しめるよう、ここでは土台を一度焼いてから、表面にチーズクリームを流して、再度焼き上げました。

材料　15cmのスクエア型1台分

タルト生地
A｜薄力粉……60g
　｜グラニュー糖……15g
　｜塩……ひとつまみ
くるみ……20g
サラダ油……20g

チーズ生地
クリームチーズ……60g
グラニュー糖……30g
卵……½個分
薄力粉……10g
生クリーム……60g
レモン汁……小さじ1

下準備
● 卵とクリームチーズは室温に戻す。
● 型にオーブンシートを敷く。
● オーブンを170℃に温める。

作り方
❶ タルト生地を作る。フードプロセッサーにAとくるみを入れ、軽く回してふるい合わせる。サラダ油を加え、スイッチのオンとオフを繰り返しながら混ぜ、ぽろぽろのそぼろ状にする。
❷ ❶を型に入れ、底にきっちりと敷き詰めて平らにならし、フォークで底面に空気穴をあける。170℃のオーブンで15分ほど、軽く焼き色がつくまで焼く。型のまま冷ます。
❸ チーズ生地を作る。ボウルに材料を順に加え、泡立て器でその都度よく混ぜ、なめらかな状態にする（フードプロセッサーで一度に混ぜてもOK）。❷に流し入れ、表面を平らにならす。
❹ 160℃のオーブンで20〜25分焼く。粗熱が取れたら冷蔵庫へ。しっかりと冷やしてから切り分ける。保存は冷蔵庫で。

フードプロセッサーがない場合
❶ ボウルに薄力粉と塩をふるい入れ、グラニュー糖とくるみ（細かく刻む）を加えて泡立て器でぐるぐるっと混ぜる。サラダ油を加え、ぽろぽろとした大きめのかたまりができるくらいまでフォークで混ぜる。なじんだら、指先や手のひらですり合わせるようにして、ぽろぽろのそぼろ状にする。これ以降は、上の❷からと同じ。

TYPE 1 スイートタルト

Sweet ⑤
ジャムのタルト

タルト生地でジャムを挟んで焼いた、リンツァートルテ風のクッキータルトです。アプリコットのほか、ベリー系のジャムやりんごジャムなんかで作るのもおすすめ。ポットに紅茶をたっぷりと用意して、のんびり過ごすティータイムにぴったりのお菓子です。

材料　直径15cmの底が取れる丸型1台分

タルト生地

A｜薄力粉……70g
　｜アーモンドパウダー……25g
　｜グラニュー糖……20g
　｜塩……ひとつまみ

サラダ油……30g
牛乳……5g

アプリコットジャム（好みのものでOK）
……60g

下準備
● 型にサラダ油（分量外）を薄く塗る。
● オーブンを180℃に温める。

作り方

❶ タルト生地を作る。フードプロセッサーにAを入れ、軽く回してふるい合わせる。サラダ油を加え、スイッチのオンとオフを繰り返しながら混ぜる。サラサラの状態に混ざれば牛乳を加え、スイッチのオンとオフを繰り返しながら混ぜて、ぽろぽろのそぼろ状にする。

❷ ❶の½量を型に入れ、底にきっちりと敷き詰めて平らにならし、フォークで底面に空気穴をあける。

❸ ジャムを塗り広げ、残りの❶を表面に散らす。手でそっと押さえて落ち着かせ、180℃のオーブンで25〜30分ほど焼く。

フードプロセッサーがない場合

❶ ボウルに薄力粉と塩をふるい入れ、グラニュー糖を加えて泡立て器でぐるぐるっと混ぜる。サラダ油を加え、ぽろぽろとした大きめのかたまりができるくらいまでフォークで混ぜる。牛乳を加えて混ぜ、牛乳がなじんだら、指先や手のひらですり合わせるようにして、ぽろぽろのそぼろ状にする。これ以降は、上の❷からと同じ。

TYPE 2 ブランチパイ

Brunch

オニオンパイ

ややざっくりとした食感ながら軽さを持ち合わせた生地は、タルト生地にも似た練り込みパイ的な雰囲気。生地のカジュアルなイメージをそのまま形にも表現して、ラフなオープンパイに仕上げました。フードプロセッサーを使えば本当にあっという間だし、手作業でもスピーディーに難なく作れるから、ブランチやアフタヌーンティータイムなどにも気軽に焼いて欲しいなと思います。底生地のさっくり感を守ってくれるシュレッドチーズは、たっぷりとのせるのが好み。まずは、シンプルな玉ねぎだけのパイをどうぞ。

材料　直径約16cmのもの1個分

パイ生地

A
- 薄力粉……80g
- 強力粉……20g
- 塩……小さじ¼
- ベーキングパウダー……小さじ⅛

きび砂糖……小さじ1
オリーブオイル……35g
牛乳……30g

フィリング

玉ねぎ……1個
シュレッドチーズ、粉チーズ、塩、こしょう、オリーブオイル……各適量

作り方

❶ フィリングを作る。玉ねぎを薄切りにする。フライパンにオリーブオイルを熱して玉ねぎを入れ、軽く色づく程度まで中火でしんなりと炒め、軽く塩、こしょうをふる。

❷ パイ生地を作る。フードプロセッサーにAときび砂糖を入れ、軽く回してふるい合わせる。オリーブオイルを加え、スイッチのオンとオフを繰り返しながら混ぜる。サラサラの状態に混ざれば牛乳を加え、スイッチのオンとオフを繰り返し

A

B

C

D

TYPE 2 ブランチパイ

Brunch

長ねぎとカマンベールのパイ

しんなり炒めた甘い長ねぎに、カマンベールチーズがこんがりとろりとからまった、とっても幸せなブランチパイ。白ワインにもよく合う一品です。ひとつに大きく焼いて切り分けるのも楽しいし、また、1人分ずつ小さく作っても、可愛くて食べやすい。

材料　直径約16cmのもの1個分

パイ生地

A
- 薄力粉……80g
- 強力粉……20g
- 塩……小さじ¼
- ベーキングパウダー……小さじ⅛

きび砂糖……小さじ1
オリーブオイル……35g
牛乳……30g

フィリング

長ねぎ……1本
カマンベールチーズ……1個
溶き卵、塩、黒こしょう、オリーブオイル……各適量

作り方

❶ フィリングを作る。長ねぎを斜め薄切りにする。フライパンにオリーブオイルを熱して長ねぎを入れ、軽く色づく程度まで中火でしんなりと炒め、軽く塩をふる。

❷ パイ生地を作る。フードプロセッサーにAときび砂糖を入れ、軽く回してふるい合わせる。オリーブオイルを加え、スイッチのオンとオフを繰り返しながら混ぜる。サラサラの状態に混ざれば牛乳を加え、スイッチのオンとオフを繰り返しながらよく混ぜて、しっとりとしたぽろぽろのそぼろ状にする。

❸ ❷を手でざっと丸くまとめてオーブンシートの上にのせ、ラップを広げて、めん棒で22〜23cmの円形にのばす。周囲を3cmほど残した中央部分の底面にフォークで空気穴をあけ、溶き卵を塗って❶をのせ、カマンベールチーズをちぎって散らす。周囲の生地を内側にひだを寄せながら折り畳み、形を整える。

❹ 天板にのせ、180℃のオーブンで25〜30分焼く。好みで黒こしょうをふって仕上げる。

フードプロセッサーがない場合

❶ 左と同様に。
❷ ボウルにAを合わせてふるい入れ、きび砂糖を加えて泡立て器でぐるぐるっと混ぜる。オリーブオイルを加え、ぽろぽろとした大きめのかたまりができるくらいまでカードで切るようにして混ぜる（フォークで混ぜてもよい）。牛乳を加え、カードで切るようにして混ぜる。なじんだら生地をざっとまとめ、生地を2つに切っては重ね、手で押さえることを3回ほど繰り返し、ひとまとめにする。これ以降は、左の❸からと同じ。

ながらよく混ぜて、しっとりとしたぽろぽろのそぼろ状にする。

❸ ❷を手でざっと丸くまとめてオーブンシートの上にのせ（A）、ラップを広げて、めん棒で22〜23cmの円形にのばす（B）。周囲を3cmほど残した中央部分の底面にフォークで空気穴をあけ、シュレッドチーズ適量と❶をのせる（C）。周囲の生地を内側にひだを寄せながら折り畳み（D）、形を整えて、中央に粉チーズを軽くふる。

❹ 天板にのせ、180℃のオーブンで25〜30分焼く。

フードプロセッサーがない場合

❶ 左と同様に。
❷ ボウルにAを合わせてふるい入れ、きび砂糖を加えて泡立て器でぐるぐるっと混ぜる。オリーブオイルを加え、ぽろぽろとした大きめのかたまりができるくらいまでカードで切るようにして混ぜる（E）（フォークで混ぜてもよい）。牛乳を加え、カードで切るようにして混ぜる。なじんだら生地をざっとまとめ、生地を2つに切っては重ね、手で押さえることを3回ほど繰り返し、ひとまとめにする（F）。これ以降は、上の❸からと同じ。

E　　　F

TYPE 2 ブランチパイ

Brunch 3
ズッキーニとソーセージのパイ

ほんの少し加えるスパイシーなカレー粉が、ズッキーニとソーセージのおいしさをより一層引き立てます。ソーセージのかわりにベーコンやアンチョビなどでも。冷めてもおいしく食べられますが、トースターやオーブンで軽く温め直すのがおすすめです。

材料　直径約8cmのもの4個分
パイ生地
A
- 薄力粉……80g
- 強力粉……20g
- 塩……小さじ¼
- ベーキングパウダー……小さじ⅛

きび砂糖……小さじ1
オリーブオイル……35g
牛乳……30g

フィリング
ズッキーニ……1本
ソーセージ……3本
シュレッドチーズ、カレー粉、塩、こしょう、粉チーズ、オリーブオイル……各適量

作り方
❶　フィリングを作る。ズッキーニは小さな角切り、ソーセージも小さく切る。フライパンにオリーブオイルを熱し、ズッキーニとソーセージを入れ、中火でズッキーニがややしんなりとするまで炒める。カレー粉を少々加え、軽く塩、こしょうをふる。

❷　パイ生地を作る。フードプロセッサーにAときび砂糖を入れ、軽く回してふるい合わせる。オリーブオイルを加え、スイッチのオンとオフを繰り返しながら混ぜる。サラサラの状態に混ざれば牛乳を加え、スイッチのオンとオフを繰り返しながらよく混ぜて、しっとりとしたぽろぽろのそぼろ状にする。

❸　❷を4等分し、それぞれをざっと丸くまとめる。オーブンシートの上にのせ、ラップを広げて、めん棒で約15cmの円形にのばす。周囲を3cmほど残した中央部分の底面にフォークで空気穴をあけ、シュレッドチーズと❶をのせ、粉チーズを軽くふる。周囲の生地を内側にひだを寄せながら折り畳み、形を整える。

❹　天板にのせ、180℃のオーブンで20〜25分焼く。

フードプロセッサーがない場合
❶　左と同様に。
❷　ボウルにAを合わせてふるい入れ、きび砂糖を加えて泡立て器でぐるぐるっと混ぜる。オリーブオイルを加え、ぽろぽろとした大きめのかたまりができるくらいまでカードで切るようにして混ぜる（フォークで混ぜてもよい）。牛乳を加え、カードで切るようにして混ぜる。なじんだら生地をざっとまとめ、生地を2つに切っては重ね、手で押さえることを3回ほど繰り返し、ひとまとめにする。これ以降は、左の❸からと同じ。

TYPE 2 ブランチパイ
Brunch
たらことツナのパイ

生地を四角く大きくフラットにのばし、ヨーグルトで味わいを軽くしたマヨネーズソースを広げて焼きました。たらこは明太子にかえてもいいし、たらことツナ、どちらか片方のみ使って作っても大丈夫。また、大きな円形に成形してもいいですね。

材料　約15×18cm角のもの1個分
パイ生地
A
- 薄力粉……80g
- 強力粉……20g
- 塩……小さじ¼
- ベーキングパウダー……小さじ⅛

きび砂糖……小さじ1
オリーブオイル……35g
牛乳……30g

フィリング
たらこ……½腹
ツナ……小1缶
プレーンヨーグルト……15g
マヨネーズ……35g
黒こしょう、芽ねぎ……各適量

下準備
● たらこは薄皮を除き、ツナは汁気を切る。

作り方
❶ フィリングを作る。たらこをボウルに入れ、プレーンヨーグルトとマヨネーズ、ツナを順に加えて混ぜる。
❷ パイ生地を作る。フードプロセッサーにAときび砂糖を入れ、軽く回してふるい合わせる。オリーブオイルを加え、スイッチのオンとオフを繰り返しながら混ぜる。サラサラの状態に混ざれば牛乳を加え、スイッチのオンとオフを繰り返しながらよく混ぜて、しっとりとしたぽろぽろのそぼろ状にする。
❸ ❷を手でざっと四角くまとめてオーブンシートの上にのせ、ラップを広げて、めん棒で約17×20cmの長方形にのばす。周囲を5mm〜1cmほど内側に折って形を整え、内側にフォークで空気穴をあけ、❶を塗り広げる。
❹ 天板にのせ、180℃のオーブンで25分ほど焼く。好みで黒こしょうをふり、適当な長さに切った芽ねぎを散らす。

フードプロセッサーがない場合
❶ 左と同様に。
❷ ボウルにAを合わせてふるい入れ、きび砂糖を加えて泡立て器でぐるぐるっと混ぜる。オリーブオイルを加え、ぽろぽろとした大きめのかたまりができるくらいまでカードで切るようにして混ぜる（フォークで混ぜてもよい）。牛乳を加え、カードで切るようにして混ぜる。なじんだら生地をざっとまとめ、生地を2つに切っては重ね、手で押さえることを3回ほど繰り返し、ひとまとめにする。これ以降は、左の❸からと同じ。

クッキー
Cookie

クッキーは、お茶の時間にあると嬉しい手軽なフィンガースイーツの代表選手。小さくて気取りのないルックスだから、お裾分けやちょっとしたプレゼントにもぴったりです。甘いもの、辛いもの、ポリポリ、さくさく、ざっくり、ほろり。さまざまな食感やフレーバーのものを、シーンに合わせて作り分けられたら楽しいですよね。

ここでは、ほろほろっと崩れるような一口サイズの甘いクッキーと、食べ始めたら止まらなくなるような、塩気の効いたポリッとしたクッキーの、2種類をご紹介します。ひとつの生地も形を変えれば、目にした時の印象や口に入れた時の味わいが、また違ったものに感じられるものです。まん丸や少し歪んだ石ころ状などいろいろな形に丸めてみたり、スティック状にのばす、四角く切り分けるなど、成形のバリエーションも楽しみながら、作ってみてくださいね。

Sweet ❶
スイートプレーン

スノーボールなどと呼ばれる、バターで作るサクサクほろりとした食感のリッチなクッキーがありますが、こちらはそれをオイルでアレンジしたレシピです。アーモンドオイルやウォールナッツオイルといった風味のよいオイルを使うと、よりおいしく香りよく焼き上がります。丸める1個の大きさは、6～7gが食べやすいと思います。

材料　約28個分

A ｜ 薄力粉……70g
　｜ アーモンドパウダー……45g
　｜ 塩……ひとつまみ
グラニュー糖……20g
サラダ油……35g
仕上げ用の粉砂糖……適量

下準備
● オーブンを170℃に温める。
● 天板にオーブンシートを敷く。

作り方
❶ フードプロセッサーにAとグラニュー糖を入れ、3～5秒ほど回してふるい合わせる。サラダ油を加え、スイッチのオンとオフを繰り返しながら混ぜ、ざっとひとまとめにする (A)。
❷ 適量ずつ（小さじ1～大さじ½）取って丸め、天板に間隔をあけて並べる (B)。170℃のオーブンで15分ほど焼く (C)。冷めたら粉砂糖をまぶしつける。

フードプロセッサーがない場合
❶ ボウルにAを合わせてふるい入れ、グラニュー糖を加え、泡立て器でぐるぐるっと混ぜる。サラダ油を加え、ゴムベラでさくさくと切るように混ぜて、ひとまとめにする (D)。これ以降は、上の❷からと同じ。

A

B

C

D

Sweet ②
黒糖とマカダミアナッツのクッキー

黒糖とナッツも相性のよい組み合わせです。ここではマカダミアナッツをチョイスして、甘い香ばしさを加えました。生地に混ぜ込むマカダミアナッツは松の実にかえるのもおすすめ。また、黒糖をブラウンシュガーにして作っても美味。コーヒーにも日本茶にも合うクッキーです。

材料 約28個分

A ┃ 薄力粉……70g
　┃ アーモンドパウダー……15g
　┃ 塩……ひとつまみ

黒糖（粉末）……20g
マカダミアナッツ……30g
サラダ油……35g

下準備
- オーブンを170℃に温める。
- 天板にオーブンシートを敷く。

作り方

❶ フードプロセッサーにAと黒糖を入れ、3〜5秒ほど回してふるい合わせる。マカダミアナッツを加えて回し、マカダミアナッツを粗く砕く。サラダ油を加え、スイッチのオンとオフを繰り返しながら混ぜ、ざっとひとまとめにする。

❷ 適量ずつ（小さじ1〜大さじ½）取って丸め、天板に間隔をあけて並べる。170℃のオーブンで15分ほど焼く。

フードプロセッサーがない場合

❶ ボウルにAを合わせてふるい入れ、黒糖とマカダミアナッツ（細かく刻む）を加え、泡立て器でぐるぐるっと混ぜる。サラダ油を加え、ゴムベラでさくさくと切るように混ぜて、ひとまとめにする。これ以降は、上の❷からと同じ。

Sweet ③
ほうじ茶クッキー

ほうじ茶を混ぜ込んだ、和の香りがほのかに漂うクッキー。小さく丸めたあと、厚みを少し押しつぶして、碁石状に形作りました。ほうじ茶を紅茶の葉にかえると、紅茶のクッキーになりますよ。

材料 約28個分

- A
  - 薄力粉……70g
  - アーモンドパウダー……45g
  - 塩……ひとつまみ
- グラニュー糖……30g
- ほうじ茶の葉……4g
- サラダ油……35g

下準備
- オーブンを170℃に温める。
- 天板にオーブンシートを敷く。

作り方

❶ フードプロセッサーにAとグラニュー糖、ほうじ茶の葉を入れ、ほうじ茶が細かくなるまで回す。サラダ油を加え、スイッチのオンとオフを繰り返しながら混ぜ、ざっとひとまとめにする。

❷ 適量ずつ（小さじ1～大さじ½）取って丸め、天板に間隔をあけて並べる。170℃のオーブンで15分ほど焼く。

フードプロセッサーがない場合

❶ ボウルにAを合わせてふるい入れ、グラニュー糖とほうじ茶の葉（細かく刻む）を加え、泡立て器でぐるぐるっと混ぜる。サラダ油を加え、ゴムベラでさくさくと切るように混ぜて、ひとまとめにする。これ以降は、上の❷からと同じ。

Sweet ④
ヘーゼルナッツのクッキー

独特の香りと風味が魅力のヘーゼルナッツパウダーとアーモンドパウダーを合わせて使いました。ストレートな味わいがお好みなら、ヘーゼルナッツパウダーのみ45gで作って。

材料 約28個分

- A
  - 薄力粉……70g
  - アーモンドパウダー……15g
  - ヘーゼルナッツパウダー……30g
  - 塩……ひとつまみ
- グラニュー糖……20g
- サラダ油……35g
- 仕上げ用の粉砂糖……適量

下準備
- オーブンを170℃に温める。
- 天板にオーブンシートを敷く。

作り方

❶ フードプロセッサーにAとグラニュー糖を入れ、3～5秒ほど回してふるい合わせる。サラダ油を加え、スイッチのオンとオフを繰り返しながら混ぜ、ざっとひとまとめにする。

❷ 適量ずつ（小さじ1～大さじ½）取って丸め、天板に間隔をあけて並べる。170℃のオーブンで15分ほど焼く。冷めたら粉砂糖をまぶしつける。

フードプロセッサーがない場合

❶ ボウルにAを合わせてふるい入れ、グラニュー糖を加え、泡立て器でぐるぐるっと混ぜる。サラダ油を加え、ゴムベラでさくさくと切るように混ぜて、ひとまとめにする。これ以降は、上の❷からと同じ。

Sweet ⑤
ココアクッキー

やわらかなほろ苦さが自慢、ころころっとした小さなチョコ色が可愛いココアクッキー。チョコレートはヘーゼルナッツともよく合うので、アーモンドパウダーの半量をヘーゼルナッツパウダーにかえても。粉砂糖をまぶし、ふんわりと白いベールをかけて仕上げるのも好みです。

材料 約28個分
A
- 薄力粉……60g
- ココアパウダー……10g
- アーモンドパウダー……45g
- 塩……ひとつまみ

グラニュー糖……25g
サラダ油……35g

下準備
● オーブンを170℃に温める。
● 天板にオーブンシートを敷く。

作り方
❶ フードプロセッサーにAとグラニュー糖を入れ、3～5秒回してふるい合わせる。サラダ油を加え、スイッチのオンとオフを繰り返しながら混ぜ、ざっとひとまとめにする。
❷ 適量ずつ（小さじ1～大さじ½）取って丸め、天板に間隔をあけて並べる。170℃のオーブンで15分ほど焼く。

フードプロセッサーがない場合
❶ ボウルにAを合わせてふるい入れ、グラニュー糖を加え、泡立て器でぐるぐるっと混ぜる。サラダ油を加え、ゴムベラでさくさくと切るように混ぜて、ひとまとめにする。これ以降は上の❷からと同じ。

Brunch 1
ミックスペッパーのクッキー

ホワイト、ブラック、グリーン、ピンク。4種類のこしょうがバランスよく混ざったミックスペッパーの、鼻に抜けるようなピリッとした刺激を塩味のクッキーで味わうレシピです。ペッパーの分量は、お好みで加減を。一味や七味唐辛子で和風に作るのもおすすめです。オイルを使った生地は冷蔵庫で冷やしてもかっちりとは固まらないので、天板に移す際などは、やさしく扱ってくださいね。

材料　20cm長さ25本分
薄力粉……120g
きび砂糖……10g
塩……小さじ½
牛乳……50g
オリーブオイル……20g
ミックスペッパー……小さじ½

下準備
● 天板にオーブンシートを敷く。

作り方
❶ フードプロセッサーに薄力粉、きび砂糖、塩、ミックスペッパーを入れ、3秒ほど回してふるう。オリーブオイルを加えてスイッチのオンとオフを繰り返し、粉とオイルがサラサラと混ざったら、牛乳を加え、再びスイッチのオンとオフを繰り返す。
❷ しっとりぽろぽろの状態になれば(A)ビニール袋に入れ、手で押しつけるようにしてひとまとめにする。ビニール袋に入れたまま、めん棒で約5mm厚さの長方形にのばし(B)、冷蔵庫で30分ほど休ませる。
❸ オーブンを170℃に温める。台に取り出して、25等分に切り分け、1本ずつ手で転がして細長い棒状にのばす(C)。
❹ 天板に並べ、170℃のオーブンで20分ほどしっかりと焼く。

フードプロセッサーがない場合
❶ ボウルに薄力粉、きび砂糖、塩、ミックスペッパーを入れ、泡立て器でぐるぐると混ぜてふるい合わせる。
❷ オリーブオイルを加え、カードなどで切り込むようにしながら粉に混ぜ込み、ある程度細かくなれば、手をすり合わせるようにして、サラサラの状態に混ぜる。
❸ 牛乳を加え、カードで切り混ぜるようにして生地になじませる。以降は左の❷からと同じ。

Brunch ② 金胡麻のクッキー

香り高い金胡麻をたっぷりと加えました。白胡麻や黒胡麻で作ってもいいし、牛乳を豆乳にかえてもいい。ちょっと小腹が空いた時にポリポリッと食べたい、そんなクッキーです。

材料　20cm長さ約25本分
- 薄力粉……100g
- きび砂糖……10g
- 塩……小さじ½
- 牛乳……50g
- オリーブオイル……20g
- 金炒り胡麻……30g

下準備
- 天板にオーブンシートを敷く。

作り方
❶ フードプロセッサーに薄力粉、きび砂糖、塩、炒り胡麻を入れ、3秒ほど回してふるう。オリーブオイルを加えてスイッチのオンとオフを繰り返し、粉とオイルがサラサラと混ざったら、牛乳を加え、再びスイッチのオンとオフを繰り返す。
❷ しっとりぽろぽろの状態になればビニール袋に入れ、手で押しつけるようにしてひとまとめにする。ビニール袋に入れたまま、めん棒で約5mm厚さの長方形にのばし、冷蔵庫で30分ほど休ませる。
❸ オーブンを170℃に温める。台に取り出して、等分に切り分け、1本ずつ手で転がし、細長い棒状にのばす。
❹ 天板に並べ、170℃のオーブンで20分ほどしっかりと焼く。

フードプロセッサーがない場合
❶ ボウルに薄力粉、きび砂糖、塩、炒り胡麻を入れ、泡立て器でぐるぐると混ぜてふるい合わせる。
❷ オリーブオイルを加え、カードなどで切り込むようにしながら粉に混ぜ込み、ある程度細かくなれば、手をすり合わせるようにして、サラサラの状態に混ぜる。
❸ 牛乳を加え、カードで切り混ぜるようにして生地になじませる。以降は左の❷からと同じ。

Brunch ③ ローストオニオンのクッキー

焼き込んだのは、スープやサラダなどのトッピングにも便利な、玉ねぎの香ばしい甘みと旨みが手軽に味わえる、市販のローストオニオン。おつまみクッキーとして、ビールやワインとご一緒に。

材料　約40個分
- 薄力粉……120g
- きび砂糖……10g
- 塩……小さじ¼
- 牛乳……50g
- オリーブオイル……20g
- 粗挽き黒こしょう……小さじ¼
- ローストオニオン……10g
- トッピング用の自然塩……適量

下準備
- 天板にオーブンシートを敷く。

作り方
❶ フードプロセッサーに薄力粉、きび砂糖、塩、黒こしょうを入れ、3秒ほど回してふるう。オリーブオイルを加えてスイッチのオンとオフを繰り返し、粉とオイルがサラサラと混ざったら、牛乳とローストオニオンを加え、再びスイッチのオンとオフを繰り返す。
❷ しっとりぽろぽろの状態になればビニール袋に入れ、手で押しつけるようにしてひとまとめにする。ビニール袋に入れたまま、めん棒で約5mm厚さの長方形にのばし、冷蔵庫で30分ほど休ませる。
❸ オーブンを170℃に温める。台に取り出し、2〜2.5cm角に切り分けて天板に並べ、自然塩をふる。170℃のオーブンで20分ほどしっかりと焼く。

フードプロセッサーがない場合
❶ ボウルに薄力粉、きび砂糖、塩、黒こしょうを入れ、泡立て器でぐるぐると混ぜてふるい合わせる。
❷ オリーブオイルを加え、カードなどで切り込むようにしながら粉に混ぜ込み、ある程度細かくなれば、手をすり合わせるようにして、サラサラの状態に混ぜる。
❸ 牛乳とローストオニオンを加え、カードで切り混ぜるようにして生地になじませる。以降は上の❷からと同じ。

Brunch 4
ハーブクッキー

ここではバジル、オレガノ、タイムなど、数種のハーブがブレンドされたドライのイタリアンハーブミックスを使いました。クリームチーズをのせて食べてもおいしいです。

材料　約40個分
薄力粉……120g
きび砂糖……10g
塩……小さじ½
牛乳……50g
オリーブオイル……20g
ドライハーブミックス
　……小さじ1強

下準備
● 天板にオーブンシートを敷く。

作り方
❶ フードプロセッサーに薄力粉、きび砂糖、塩、ドライハーブを入れ、3秒ほど回してふるう。オリーブオイルを加えてスイッチのオンとオフを繰り返し、粉とオイルがサラサラと混ざったら、牛乳を加え、再びスイッチのオンとオフを繰り返す。
❷ しっとりぽろぽろの状態になればビニール袋に入れ、手で押しつけるようにしてひとまとめにする。ビニール袋に入れたまま、めん棒で約5mm厚さの長方形にのばし、冷蔵庫で30分ほど休ませる。
❸ オーブンを170℃に温める。台に取り出して、2～2.5cm角に切り分けて天板に並べ、170℃のオーブンで20分ほどしっかりと焼く。

フードプロセッサーがない場合
❶ ボウルに薄力粉、きび砂糖、塩、ドライハーブを入れ、泡立て器でぐるぐると混ぜてふるい合わせる。
❷ オリーブオイルを加え、カードなどで切り込むようにしながら粉に混ぜ込み、ある程度細かくなれば、手をすり合わせるようにして、サラサラの状態に混ぜる。
❸ 牛乳を加え、カードで切り混ぜるようにして生地になじませる。以降は左の❷からと同じ。

Brunch 5
エダムチーズのクッキー

濃厚な風味を持った、塩気の強い粉末のエダムチーズを使用。お料理ではグラタンにふりかけたり、パン粉に混ぜてフライに使ったりもします。なければ一般的な粉チーズで作って。

材料　約45個分
薄力粉……120g
きび砂糖……10g
塩……小さじ¼
牛乳……50g
オリーブオイル……20g
エダムチーズ（粉末）……30g
トッピング用の粉チーズ……適量

下準備
● 天板にオーブンシートを敷く。

作り方
❶ フードプロセッサーに薄力粉、きび砂糖、塩、エダムチーズを入れ、3秒ほど回してふるう。オリーブオイルを加えてスイッチのオンとオフを繰り返し、粉とオイルがサラサラと混ざったら、牛乳を加え、再びスイッチのオンとオフを繰り返す。
❷ しっとりぽろぽろの状態になればビニール袋に入れ、手で押しつけるようにしてひとまとめにする。ビニール袋に入れたまま、めん棒で約5mm厚さの長方形にのばし、冷蔵庫で30分ほど休ませる。
❸ オーブンを170℃に温める。台に取り出し、2～2.5cm角に切り分けて天板に並べ、粉チーズをふる。170℃のオーブンで20分ほどしっかりと焼く。

フードプロセッサーがない場合
❶ ボウルに薄力粉、きび砂糖、塩、エダムチーズを入れ、泡立て器でぐるぐると混ぜてふるい合わせる。
❷ オリーブオイルを加え、カードなどで切り込むようにしながら粉に混ぜ込み、ある程度細かくなれば、手をすり合わせるようにして、サラサラの状態に混ぜる。
❸ 牛乳を加え、カードで切り混ぜるようにして生地になじませる。以降は左の❷からと同じ。

イージーブレッド
Easy Bread

粉とオイルを切り込むように混ぜた後、水分を加えて手早くまとめた生地を冷蔵庫に入れ、気長にゆっくりと発酵させておいしさを作る、とてもラフなブレッドです。あまり触りすぎずに生地を仕上げるせいか、ややもっちりとしてどことなく歯切れのよい食感。また、しっかりめにこねると、ふんわりとなめらかさの感じられる食感に。手で四角く形を整えたり、四角い型に生地を入れて焼くスクエアブレッドと、スコーンのように小さく切り分けて焼くパンスコーンの2種類をご紹介。どちらも軽く温めて食べるのが気に入っています。

Menu

TYPE 1
スクエアブレッド　　p71

TYPE 2
パンスコーン　　p78

TYPE 1 スクエアブレッド
Brunch 1
ブランチプレーン

生地をのばす大きさは、焼き上げたい大きさに合わせ、自由に変えて大丈夫。私は単純にビニール袋の幅（24〜25cmのもの）に合わせてのばしています。ビニール袋のかわりにラップで包んでも構いません。冷蔵庫で休ませる時間は6〜20時間ほど。8時間以上休ませると理想です。

材料　1枚分
強力粉……180g
牛乳……100g
きび砂糖……15g
塩……小さじ½
オリーブオイル……30g
インスタントドライイースト……小さじ½
打ち粉用の粉……適量

下準備
● 牛乳は人肌程度に温める。
● 天板にオーブンシートを敷く。

作り方
❶ 小さめの容器に牛乳を大さじ1程度入れ、ドライイーストをふり入れて(A)しばらく置き(2〜3分くらい)、よく混ぜて溶かしたら、残りの牛乳と合わせる。
❷ フードプロセッサーに強力粉、きび砂糖、塩を入れ、3〜5秒回してふるう。オリーブオイルを加え、スイッチのオンとオフを繰り返して、オリーブオイルと粉類をサラサラの状態に混ぜる(B)。❶を加え、再びスイッチのオンとオフを繰り返す。ひとかたまりにまとまればOK(C)。
❸ 生地をビニール袋に入れて、めん棒で四角く平らにのばしたら(13cm×24cm程度)(D)、冷蔵庫に入れてひと晩休ませる。
❹ 生地を冷蔵庫から出し、袋を切り開いて、オーブンシートを敷いた天板にのせる。乾燥しないよう固く絞った軽いぬれ布巾やラップなどをふわりとかけて(E)、生地が少しふっくらとする(1.2〜1.5倍)まで暖かいところに置く。
❺ オーブンを180℃に温める。生地の表面に、打ち粉用の粉を茶漉しなどでうっすらとふりかけたら、生地の表面を等間隔に指先でへこませる(F)。180℃のオーブンで15分ほど焼く。

フードプロセッサーがない場合
❶ 上の❶と同様に。
❷ ボウルに強力粉、きび砂糖、塩をふるい入れ、オリーブオイルを加える。カードで切り込むようにしてオイルを粉類に混ぜ込み、ある程度細かくなったら手をすり合わせるようにして、サラサラの状態にする(G)。
❸ ❶を加え、カードでざっくりと合わせる。❶がなじんだら、ボウルの中で少しこねるようにして、ひとまとめにする(H)。これ以降は、上の❸からと同じ。

G　　H

A

B

C

D

E

F

TYPE 1 スクエアブレッド
Brunch
かぼちゃブレッド

野菜の栄養はお菓子じゃなくて食事でとりたいなぁと思う私だけれど、好きなかぼちゃとさつまいもはパンやお菓子の素材としても大いにウェルカム。元気になれるパンプキンイエローに染まった、じんわりと甘みのある、ふっくらブレッドです。

おいしいかぼちゃに当たったときは、蒸してつぶして自家製の冷凍ピュレにしています。風味の安定している市販の冷凍かぼちゃも使いやすいですね。

材料　1枚分
強力粉……180g
牛乳……100g
きび砂糖……15g
塩……小さじ½
オリーブオイル……25g
インスタントドライイースト……小さじ½
かぼちゃ……100g(正味)
打ち粉用の粉……適量

下準備
● 牛乳は人肌程度に温める。
● かぼちゃは蒸すか電子レンジで加熱してやわらかくし、マッシャーやフォークなどでつぶしておく。
● 天板にオーブンシートを敷く。

作り方
❶ 小さめの容器に牛乳を大さじ1程度入れ、ドライイーストをふり入れてしばらく置き（2～3分くらい）、よく混ぜて溶かしたら、残りの牛乳と合わせる。
❷ フードプロセッサーに強力粉、きび砂糖、塩を入れ、3～5秒回してふるう。オリーブオイルを加え、スイッチのオンとオフを繰り返して、オリーブオイルと粉類をサラサラの状態に混ぜる。❶とかぼちゃを加え、再びスイッチのオンとオフを繰り返す。ひとかたまりにまとまればOK。
❸ 生地をビニール袋に入れて、めん棒で四角く平らにのばしたら（13cm×24cm程度）、冷蔵庫に入れてひと晩休ませる。
❹ 生地を冷蔵庫から出し、袋を切り開いて、オーブンシートを敷いた天板にのせる。乾燥しないよう固く絞った軽いぬれ布巾やラップなどをふわりとかけて、生地が少しふっくらとする（1.2～1.5倍）まで暖かいところに置く。
❺ オーブンを180℃に温める。生地の表面に、打ち粉用の粉を茶漉しなどでうっすらとふりかけたら、表面を等間隔に指先でへこませ、180℃のオーブンで15分ほど焼く。

フードプロセッサーがない場合
❶ 左の❶と同様に。
❷ ボウルに強力粉、きび砂糖、塩をふるい入れ、オリーブオイルを加える。カードで切り込むようにしてオイルを粉類に混ぜ込み、ある程度細かくなったら手をすり合わせるようにして、サラサラの状態にする。
❸ ❶とかぼちゃを加え、カードでざっくりと合わせる。❶がなじんだら、ボウルの中で少しこねるようにして、ひとまとめにする。これ以降は、左の❸からと同じ。

TYPE 1 スクエアブレッド
Brunch 3
トマトとダブルチーズのブレッド

トマトジュースでまとめた生地に2種類のチーズをトッピングした、シンプルなピザ風ブレッド。とろけるモッツァレラはやっぱり外せない！ですね。仕上げには水菜をたっぷりとあしらいました。テーブルに赤と緑がカラフルに揃うと、うきうきと食欲をそそられますね。

材料　1枚分
- 強力粉……180g
- トマトジュース……100g
- きび砂糖……15g
- 塩……小さじ½
- オリーブオイル……30g
- インスタントドライイースト……小さじ½
- 打ち粉用の粉……適量
- モッツァレラチーズ……100g
- チェダーチーズ……50g
- 天然塩、黒こしょう、水菜……各適量

下準備
- トマトジュースは人肌程度に温める。
- 天板にオーブンシートを敷く。

作り方
❶　小さめの容器にトマトジュースを大さじ1程度入れ、ドライイーストをふり入れてしばらく置き（2〜3分くらい）、よく混ぜて溶かしたら、残りのトマトジュースと合わせる。

❷　フードプロセッサーに強力粉、きび砂糖、塩を入れ、3〜5秒回してふるう。オリーブオイルを加え、スイッチのオンとオフを繰り返して、オリーブオイルと粉類をサラサラの状態に混ぜる。❶を加え、再びスイッチのオンとオフを繰り返す。ひとかたまりにまとまればOK。

❸　生地をビニール袋に入れて、めん棒で四角く平らにのばしたら（13cm×24cm程度）、冷蔵庫に入れてひと晩休ませる。

❹　生地を冷蔵庫から出し、袋を切り開いて、オーブンシートを敷いた天板にのせる。乾燥しないよう固く絞った軽いぬれ布巾やラップなどをふわりとかけて、生地が少しふっくらとする（1.2〜1.5倍）まで暖かいところに置く。

❺　オーブンを180℃に温める。チーズはそれぞれ1.5〜2cm角に切り分ける。指先に粉をつけ、生地の表面を等間隔にへこませて、180℃のオーブンで13〜15分ほど焼く。おいしそうに色づいたら一度オーブンから出して、2種のチーズを表面に散らすようにのせ、天然塩、黒こしょうをふって、再びオーブンに入れて焼く。チーズがとろりととろけたところでオーブンから出す。好みで水菜をのせる。

フードプロセッサーがない場合
❶　左の❶と同様に。

❷　ボウルに強力粉、きび砂糖、塩をふるい入れ、オリーブオイルを加える。カードで切り込むようにしてオイルを粉類に混ぜ込み、ある程度細かくなったら手をすり合わせるようにして、サラサラの状態にする。

❸　❶を加え、カードでざっくりと合わせる。❶がなじんだら、ボウルの中で少しこねるようにして、ひとまとめにする。これ以降は、左の❸からと同じ。

TYPE 1 スクエアブレッド
Brunch 4

オリーブとフライドオニオンのブレッド

具材となるフライドオニオンは生地に混ぜ込んでもいいし、こんな風に散らして折り込んでも面白い。作り方❺で生地の端を閉じていますが、閉じずにそのまま焼いてしまってもユーモラスです。ウチで食べるブレッドでは、手を抜くことも、遊び心につながります（笑）。

材料　1枚分
- 強力粉……180g
- 牛乳……100g
- きび砂糖……15g
- 塩……小さじ½
- オリーブオイル……30g
- インスタントドライイースト……小さじ½
- 打ち粉用の粉……適量
- トッピング用のオリーブ（種抜き）、フライドオニオン、天然塩、黒こしょう……各適量

下準備
- 牛乳は人肌程度に温める。
- 天板にオーブンシートを敷く。

作り方

❶ 小さめの容器に牛乳を大さじ1程度入れ、ドライイーストをふり入れてしばらく置き（2〜3分くらい）、よく混ぜて溶かしたら、残りの牛乳と合わせる。

❷ フードプロセッサーに強力粉、きび砂糖、塩を入れ、3〜5秒回してふるう。オリーブオイルを加え、スイッチのオンとオフを繰り返して、オリーブオイルと粉類をサラサラの状態に混ぜる。❶を加え、再びスイッチのオンとオフを繰り返す。ひとかたまりにまとまればOK。

❸ 生地をビニール袋に入れて、簡単に四角く平らにまとめ、冷蔵庫に入れてひと晩休ませる。

❹ 生地を冷蔵庫から出し、袋を切り開いて、打ち粉をふった台にのせる。めん棒でのばして、30cm×25cm程度の大きさに広げる。

❺ オーブンを180℃に温める。生地の表面にフライドオニオンを好みの量散らして長辺を三つ折りにし、生地の端を簡単に指で閉じる。指先に粉をつけ、生地の表面を等間隔にへこませて、そのくぼみにオリーブを押し込む。天然塩、黒こしょうをふり、180℃のオーブンで15分ほど焼く。

フードプロセッサーがない場合

❶ 左の❶と同様に。

❷ ボウルに強力粉、きび砂糖、塩をふるい入れ、オリーブオイルを加える。カードで切り込むようにしてオイルを粉類に混ぜ込み、ある程度細かくなったら手をすり合わせるようにして、サラサラの状態にする。

❸ ❶を加え、カードでざっくりと合わせる。❶がなじんだら、ボウルの中で少しこねるようにして、ひとまとめにする。これ以降は、左の❸からと同じ。

TYPE 1 スクエアブレッド

Brunch 5
ポテトとバジルのブレッド

ソフトでありながらも、やや固めのタフな生地です。大きくフラットにのばして薄切りポテトをトッピング、クリスピーなピザをイメージして焼き上げました。バジルのかわりに、じゃがいもと好相性のローズマリーを使ってもおいしいですよ。

材料　1枚分
強力粉……180g
水……60g
生クリーム……50g
きび砂糖……10g
塩……小さじ½
オリーブオイル……15g
インスタントドライイースト……小さじ½
乾燥バジル……小さじ1
打ち粉用の粉……適量
じゃがいも……2個
オリーブオイル……大さじ1～2
天然塩、黒こしょう……各適量

下準備
● 水と生クリームはそれぞれ人肌程度に温める。
● 天板にオーブンシートを敷く。

作り方
❶ 小さめの容器に水を大さじ1程度入れ、ドライイーストをふり入れてしばらく置き（2～3分くらい）、よく混ぜて溶かしたら、残りの水、生クリームと合わせる。
❷ フードプロセッサーに強力粉、きび砂糖、塩を入れ、3～5秒回してふるう。オリーブオイル(15g)を加え、スイッチのオンとオフを繰り返して、オリーブオイルと粉類をサラサラの状態に混ぜる。❶とバジルを加え、再びスイッチのオンとオフを繰り返す。ひとかたまりにまとまればOK。
❸ 生地をビニール袋に入れ、簡単に四角く平らにまとめ、冷蔵庫に入れてひと晩休ませる。
❹ じゃがいもは皮をむいて、ピーラーなどで薄くささがきにする。数分水にさらしてから、キッチンペーパーなどでしっかりと水気を切り、ビニール袋に入れる。オリーブオイル（大さじ1～2）を加え、やさしく手でもむようにしてじゃがいもにオイルをなじませる。
❺ オーブンを190℃に温める。生地を冷蔵庫から出し、袋を切り開いて、打ち粉をふった台にのせる。めん棒で26×26cm程度の正方形にのばし、オーブンシートを敷いた天板にのせる。指先に粉をつけ、生地の表面を等間隔にへこませる。
❻ 表面に❹のじゃがいもを広げ、天然塩、黒こしょうをふって、190℃のオーブンで15分ほど焼く。

フードプロセッサーがない場合
❶ 左の❶と同様に。
❷ ボウルに強力粉、きび砂糖、塩をふるい入れ、オリーブオイルを加える。カードで切り込むようにしてオイルを粉類に混ぜ込み、ある程度細かくなったら手をすり合わせるようにして、サラサラの状態にする。
❸ ❶とバジルを加え、カードでざっくりと合わせる。❶がなじんだら、ボウルの中で少しこねるようにして、ひとまとめにする。これ以降は、左の❸からと同じ。

TYPE 1 スクエアブレッド
Sweet 1
紅茶ブレッド+リキュールアイシング

紅茶風味の生地にオレンジのリキュールで作ったアイシングをかけて仕上げた、朝食にもティータイムにも向くややもっちりとした食感の甘いブレッドです。紅茶の葉はアールグレイで作るのがお気に入り。15cmのスクエア型を使って、ふっくらとボリューミーに焼きました。

材料　15cmのスクエア型1台分
- A
  - 強力粉……175g
  - グラニュー糖……35g
  - 塩……小さじ½
  - 紅茶の葉……4g
- 牛乳……120g
- サラダ油……20g
- インスタントドライイースト……小さじ½
- 打ち粉用の粉、粉砂糖……各適量

アイシング
- 粉砂糖……25g
- グランマニエ……約小さじ2

下準備
- 牛乳は人肌程度に温める。
- 紅茶の葉は細かく刻む。
- 型にオーブンシートを敷く。

作り方
❶ 小さめの容器に牛乳を大さじ1程度入れ、ドライイーストをふり入れてしばらく置き（2〜3分）、よく混ぜて溶かしたら、残りの牛乳と合わせる。

❷ フードプロセッサーにAを入れ、3〜5秒回してふるう。サラダ油を加え、スイッチのオンとオフを繰り返して、サラダ油と粉類をサラサラの状態に混ぜる。❶を加え、再びスイッチのオンとオフを繰り返し、ひとかたまりにまとまればOK。

❸ 生地を型に入れ、手に少量の水をつけて、生地を型一面にのばす。ビニール袋に入れるかラップで覆い、冷蔵庫でひと晩休ませる。

❹ ❸を冷蔵庫から出し、ビニール袋に入れたまま、生地が少しふっくらとする（1.2〜1.5倍）まで暖かいところに置く。

❺ オーブンを190℃に温める。指に粉をつけ、❹の表面を数カ所へこませて、190℃のオーブンで18分ほど焼く。

❻ 小さめの容器に粉砂糖を入れ、グランマニエを加え、スプーンなどでよく混ぜる。もったりとして、スプーンで持ち上げた時ゆっくりと落ちるくらいになれば、冷めた❺の上にかけ、粉砂糖をふって仕上げる。

フードプロセッサーがない場合
❶ 左の❶と同様に。

❷ ボウルにAを入れ、泡立て器でぐるぐるっと混ぜ、サラダ油を加える。カードで切り込むようにして油を粉類に混ぜ込み、ある程度細かくなったら手をすり合わせるようにして、サラサラの状態にする。

❸ ❶を加え、カードでざっくりと合わせる。❶がなじんだら、ボウルの中で少しこねるようにして、ひとまとめにする。これ以降は、左の❸からと同じ。

TYPE 1　スクエアブレッド

Sweet
アーモンドブレッド

こんがりカリッと香ばしく焼けたトッピングのアーモンドスライスとグラニュー糖がとてもおいしい。生地をひと回り大きくのばし、18cmのスクエア型に入れ、トッピングのアーモンドスライスを増量し、グラニュー糖もたっぷりめにふって味わうのもおすすめです。

材料　15cmのスクエア型1台分
A｜強力粉……180g
　｜きび砂糖……35g
　｜塩……小さじ½
牛乳……120g
サラダ油……25g
インスタントドライイースト……小さじ½
アーモンドスライス……20g
打ち粉用の粉、溶き卵、グラニュー糖、粉砂糖……各適量

下準備
● 牛乳は人肌程度に温める。
● 型にオーブンシートを敷く。

作り方
❶ 小さめの容器に牛乳を大さじ1程度入れ、ドライイーストをふり入れてしばらく置き（2〜3分）、よく混ぜて溶かしたら、残りの牛乳と合わせる。

❷ フードプロセッサーにAを入れ、3〜5秒回してふるう。サラダ油を加え、スイッチのオンとオフを繰り返して、サラダ油と粉類をサラサラの状態に混ぜる。❶を加え、再びスイッチのオンとオフを繰り返し、ひとかたまりにまとまればOK。

❸ 生地を型に入れ、手に少量の水をつけて、生地を型一面にのばす。ビニール袋に入れるかラップで覆い、冷蔵庫でひと晩休ませる。

❹ ❸を冷蔵庫から出し、ビニール袋に入れたまま、生地が少しふっくらとする（1.2〜1.5倍）まで暖かいところに置く。

❺ オーブンを190℃に温める。指に粉をつけ、❹の表面を数カ所へこませる。溶き卵を塗ってアーモンドスライスを散らし、グラニュー糖をふる。190℃のオーブンで18分ほど焼く。冷めたら粉砂糖をふって仕上げる。

フードプロセッサーがない場合
❶ 左の❶と同様に。
❷ ボウルにAを入れ、泡立て器でぐるぐるっと混ぜ、サラダ油を加える。カードで切り込むようにして油を粉類に混ぜ込み、ある程度細かくなったら手をすり合わせるようにして、サラサラの状態にする。
❸ ❶を加え、カードでざっくりと合わせる。❶がなじんだら、ボウルの中で少しこねるようにして、ひとまとめにする。これ以降は、左の❸からと同じ。

TYPE 2 パンスコーン
Brunch 1
ブランチプレーン

粉の一部に全粒粉を配合し、風味を持たせた生地です。粉の全量を強力粉にしてももちろんOK。冷蔵庫での1次発酵時間は6〜24時間と幅があるので、暮らしのスタイルに合わせて、焼き時間を自由に設定してくださいね。生地をまとめる際、しっかりめにこねて発酵時間もさらに長めにとると、よりきめ細かくふんわりとした仕上がりに。

材料　8個分
強力粉……160g
全粒粉……20g
きび砂糖……20g
塩……小さじ⅓
牛乳……90g
オリーブオイル……30g
スキムミルク……10g
卵黄……1個分
インスタントドライイースト……小さじ½
打ち粉用の粉（強力粉）……適量

下準備
● 天板か耐熱バットにオーブンシートを敷く。

作り方
❶ 牛乳を分量から20gほど取って小さな容器に入れ、電子レンジで人肌程度に温め、ドライイーストをふり入れる(A)。容器を揺するか軽く混ぜて、2〜3分ほどそのまま置いてなじませ、小さな泡立て器などで混ぜて溶かす。
❷ フードプロセッサーに強力粉、全粒粉、きび砂糖、塩、スキムミルクを入れ、3秒ほど回してふるう。オリーブオイルを加え、スイッチのオンとオフを繰り返し、粉とオイルをサラサラの状態に混ぜる(B)。❶を加え、さっと回して全体に混ぜ込み、ボウルに移す。

❸ 卵黄と牛乳を合わせて加え（冷たい状態で）、ゴムベラやカードなどで切り込むように混ぜる（C）。ほぼなじめば、手で軽くこねてひとまとめにし、約2cm厚さの円形に形作る（D）。ラップで包み、冷蔵庫で半日〜1日休ませる（1次発酵）。

❹ 打ち粉をふった台に出し、粉をふためん棒をやさしく転がして、表面をなめらかにしながら形をととのえる（E）。放射状に8等分し（F）、天板やバットなどに間隔をあけて並べ、乾燥しないようラップをかけて、生地が室温に戻って少しふっくらとするまで（約1.2倍）暖かいところに置く（2次発酵後G）。

❺ オーブンを180℃に温める。オーブンに入れ、12分ほど焼く。

フードプロセッサーがない場合

❶ 左の❶と同様に。
❷ ボウルに強力粉、全粒粉、きび砂糖、塩、スキムミルクを入れ、泡立て器でぐるぐると混ぜてふるい合わせる。オリーブオイルを加え、ゴムベラやカードなどで切るようにして粉に混ぜ込み、ある程度なじんだら、指先や手をすり合わせるようにして、サラサラの状態に混ぜる。
❸ ❶を加え、以降は左の❸からと同じ。

A

B

C

D

E

F

G

パンスコーンの焼き方アイデア　column

小さな三角だったり、四角だったり、丸い型で抜いてみたりと、いろいろ楽しめるパンスコーンの生地は、大きくひとつにまとめて焼いてもいいんです。

作り方❸まで同様に作業します。冷蔵庫で半日〜ひと晩休ませた生地を、オーブンシートに出します。手で簡単に形をととのえたら、放射状にカードで底までしっかりと切れ目を入れて、ラップをかけ、生地が室温に戻って少しふっくらとするまで（約1.2倍）暖かいところに置きます。あとは、180℃に温めたオーブンで15〜20分ほど、色よく焼いて。ちぎりパンみたいに、1個ずつちぎって食べるのが楽しい成形です。

カンパーニュ風のこちらは、冷蔵庫で半日〜ひと晩休ませた生地をオーブンシートに出し、手で簡単に形をととのえたのち、ラップをかけて2次発酵させます。生地が室温に戻ってふっくらとしたら、ナイフやカードで中央縦に1本、その左右、斜めに2本ずつ、浅く切れ目を入れて、180℃のオーブンで20〜25分ほど焼きます。

Easy Bread　79

TYPE 2 パンスコーン

Brunch 2
くるみのパンスコーン

お料理がおいしくて、魅力的なシェフがいらっしゃる大好きなレストランがあります。そこの定番、くるみ入りのプチパンは、ゲストの顔を見てからオーブンに入れて、焼き立てを供されます。「おいしいものをいちばんおいしい状態で」という心遣い。うちでくるみ入りのパンを焼くとき、いつも頭に浮かびます。

材料　8個分
強力粉……180g
きび砂糖……20g
塩……小さじ1/3
牛乳……90g
オリーブオイル……30g
スキムミルク……10g
卵黄……1個分
インスタントドライイースト……小さじ1/2
くるみ……50g
打ち粉用の粉（強力粉）……適量

下準備
- くるみは粗く刻む（ビニール袋に入れ、めん棒で叩いて砕いてもOK）。
- 天板か耐熱バットにオーブンシートを敷く。

作り方
❶　牛乳を分量から20gほど取って小さな容器に入れ、電子レンジで人肌程度に温め、ドライイーストをふり入れる。容器を揺するか軽く混ぜて、2～3分ほどそのまま置いてなじませ、小さな泡立て器などで混ぜて溶かす。
❷　フードプロセッサーに強力粉、きび砂糖、塩、スキムミルクを入れ、3秒ほど回してふるう。オリーブオイルを加え、スイッチのオンとオフを繰り返し、粉とオイルをサラサラの状態に混ぜる。❶を加え、さっと回して全体に混ぜ込み、ボウルに移す。
❸　卵黄と牛乳を合わせて加え（冷たい状態で）、ゴムベラやカードなどで切り込むように混ぜる。だいたい混ざったところでくるみを加えて混ぜ、ほぼなじめば、手で軽くこねてひとまとめにし、約2cm厚さの円形に形作る。ラップで包み、冷蔵庫で半日～1日休ませる。
❹　打ち粉をふった台に出し、粉をふっためん棒をやさしく転がして、表面をなめらかにしながら形をととのえる。放射状に8等分し、天板やバットなどに間隔をあけて並べ、乾燥しないようラップをかけて、生地が室温に戻って少しふっくらとするまで（約1.2倍）暖かいところに置く。
❺　オーブンを180℃に温める。オーブンに入れ、12分ほど焼く。

フードプロセッサーがない場合
❶　上の❶と同様に。
❷　ボウルに強力粉、きび砂糖、塩、スキムミルクを入れ、泡立て器でぐるぐると混ぜてふるい合わせる。オリーブオイルを加え、ゴムベラやカードなどで切るようにして粉に混ぜ込み、ある程度なじんだら、指先や手をすり合わせるようにして、サラサラの状態に混ぜる。
❸　❶を加え、以降は上の❸からと同じ。

TYPE 2 パンスコーン

Brunch

コーンミールのパンスコーン

粉の一部をコーンフラワーにかえた、ふわっとした生地に、イングリッシュマフィンのトッピングでおなじみのコーンミールをまぶしつけて焼きました。小さな三角に切り分けて、ぷっくりと膨らませたパンスコーンは、ひとつ食べたらもうひとつと、ついつい手がのびる軽やかさです。

材料　16個分
強力粉……160g
コーンフラワー……20g
きび砂糖……20g
塩……小さじ⅓
牛乳……90g
オリーブオイル……30g
スキムミルク……10g
卵黄……1個分
インスタントドライイースト……小さじ½
トッピング用のコーンミール、打ち粉用の粉（強力粉）……各適量

下準備
● 天板か耐熱バットにオーブンシートを敷く。

作り方
❶　牛乳を分量から20gほど取って小さな容器に入れ、電子レンジで人肌程度に温め、ドライイーストをふり入れる。容器を揺するか軽く混ぜて、2～3分ほどそのまま置いてなじませ、小さな泡立て器などで混ぜて溶かす。
❷　フードプロセッサーに強力粉、コーンフラワー、きび砂糖、塩、スキムミルクを入れ、3秒ほど回してふるう。オリーブオイルを加え、スイッチのオンとオフを繰り返し、粉とオイルをサラサラの状態に混ぜる。❶を加え、さっと回して全体に混ぜ込み、ボウルに移す。
❸　卵黄と牛乳を合わせて加え（冷たい状態で）、ゴムベラやカードなどで切り込むように混ぜる。ほぼなじめば、手で軽くこねてひとまとめにし、2等分にして約2cm厚さの円形に形作る。ラップで包み、冷蔵庫で半日～1日休ませる。
❹　打ち粉をふった台に出し、粉をふっためん棒をやさしく転がして、表面をなめらかにしながら形をととのえる。それぞれ放射状に8等分し、表面にコーンミールをまぶしつける。天板やバットなどに間隔をあけて並べ、乾燥しないようラップをかけて、生地が室温に戻って少しふっくらとするまで（約1.2倍）暖かいところに置く。
❺　オーブンを180℃に温める。オーブンに入れ、10～12分焼く。

フードプロセッサーがない場合
❶　左の❶と同様に。
❷　ボウルに強力粉、コーンフラワー、きび砂糖、塩、スキムミルクを入れ、泡立て器でぐるぐると混ぜてふるい合わせる。オリーブオイルを加え、ゴムベラやカードなどで切るようにして粉に混ぜ込み、ある程度なじんだら、指先や手をすり合わせるようにして、サラサラの状態に混ぜる。
❸　❶を加え、以降は左の❸からと同じ。

TYPE 2 パンスコーン

Sweet 1
ココアのパンスコーン

甘さを控えたココアのパンスコーンは、アイシングや溶かしたチョコレートをかけて仕上げます。デコレーションせずナチュラルなすっぴんを楽しむならば、少し温めて、甘いホイップクリームやアイスクリーム、チョコスプレッドなどを添えて。

材料　8個分

A
| 強力粉……160g
| ココアパウダー……20g
| グラニュー糖……35g
| 塩……小さじ1/3
| スキムミルク……10g

牛乳……110g
卵黄……1個分
サラダ油……20g
インスタントドライイースト……小さじ1/2
打ち粉用の粉……適量

ココアアイシング

B
| 粉砂糖……25g
| ココアパウダー……大さじ1/2

ラム酒……約小さじ2

下準備
● 天板か耐熱バットにオーブンシートを敷く。

作り方

❶ 牛乳を分量から20gほど取って小さな容器に入れ、電子レンジで人肌程度に温め、ドライイーストをふり入れる。容器を軽く揺すり、2〜3分おいてなじませ、小さな泡立て器などでよく混ぜて溶かす。

❷ フードプロセッサーにAを入れ、3〜5秒ほど回してふるう。サラダ油を加え、スイッチのオンとオフを繰り返し、粉と油をサラサラの状態に混ぜる。❶を加え、さっと回して全体に混ぜ込み、ボウルに移す。

❸ 卵黄と牛乳を合わせて加え（冷たい状態で）、ゴムベラやカードで切り込むように混ぜる。ほぼなじめば、2〜3分練るようにして混ぜ、混ぜながらひとまとめにする。広げたラップの上に出し、手に打ち粉をつけて直径12cm程度の円形に形作る。ラップで包み、冷蔵庫で半日〜1日休ませる。

❹ 打ち粉をふるかラップを敷いた台に出し、めん棒を転がすか手の平で軽く押さえて形を整える。放射状に8等分し、天板やバットに間隔をあけて並べる。乾燥しないようラップをかけ、生地がふっくらとするまで（約1.2倍）暖かいところに置く。

❺ オーブンを180℃に温める。オーブンに入れ、180℃で10〜12分ほど焼く。

❻ 小さめの容器にBを入れ、ラム酒を加え、スプーンなどでよく混ぜる。もったりとして、スプーンで持ち上げた時ゆっくりと落ちるくらいになったら、冷めた❺の上にかける。

フードプロセッサーがない場合

❶ 左の❶と同様に。
❷ ボウルにAを入れ、泡立て器でぐるぐると混ぜてふるい合わせる。サラダ油を加え、ゴムベラやカードで切るようにして粉に混ぜ込み、ある程度なじんだら、指先や手をすり合わせるようにして、サラサラの状態に混ぜる。
❸ ❶を加え、以降は左の❸からと同じ。

TYPE 2 パンスコーン

Sweet 2
フルーツミックスのパンスコーン

オレンジ、レーズン、チェリー、レモン、パインがミックスされた砂糖漬けを混ぜ込んだ、フルーティーな生地。ラフな四角形に成形した生地を、ふたくち、みくちで食べられるくらいの大きさに切り分けました。ちょこちょこっとつまめるプチなサイズが可愛いパンスコーンです。

材料　16個分

A ┃ 強力粉……180g
　┃ グラニュー糖……30g
　┃ 塩……小さじ1/3
　┃ スキムミルク……10g

牛乳……100g
卵黄……1個分
サラダ油……20g
インスタントドライイースト……小さじ1/2
フルーツミックス*……60g
打ち粉用の粉、粉砂糖……各適量

＊フルーツミックスは、クオカ、富澤商店などの製菓材料店で購入可能です。

下準備
● 天板か耐熱バットにオーブンシートを敷く。

作り方
❶ 牛乳を分量から20gほど取って小さな容器に入れ、電子レンジで人肌程度に温め、ドライイーストをふり入れる。容器を軽く揺すり、2～3分おいてなじませ、小さな泡立て器などでよく混ぜて溶かす。

❷ フードプロセッサーにAを入れ、3～5秒ほど回してふるう。サラダ油を加え、スイッチのオンとオフを繰り返し、粉と油をサラサラの状態に混ぜる。❶を加え、さっと回して全体に混ぜ込み、ボウルに移す。

❸ 卵黄と牛乳を合わせて加え（冷たい状態で）、ゴムベラやカードで切り込むように混ぜる。だいたい混ざったところでフルーツミックスを加えて混ぜる。ほぼなじめば、2～3分練るようにして混ぜ、混ぜながらひとまとめにする。広げたラップの上に出し、手に打ち粉をつけて12cm角程度の四角形に形作る。ラップで包み、冷蔵庫で半日～1日休ませる。

❹ 打ち粉をふるかラップを敷いた台に出し、めん棒を転がすか手の平で軽く押さえて15cm角程度の四角形に形を整える。各辺4等分して16個に切り分け、天板やバットに間隔をあけて並べる。乾燥しないようラップをかけ、生地がふっくらとするまで（約1.2倍）暖かいところに置く。

❺ オーブンを180℃に温める。オーブンに入れ、180℃で10分ほど焼く。冷めたら粉砂糖をふって仕上げる。

フードプロセッサーがない場合
❶ 左の❶と同様に。
❷ ボウルにAを入れ、泡立て器でぐるぐると混ぜてふるい合わせる。サラダ油を加え、ゴムベラやカードで切るようにして粉に混ぜ込み、ある程度なじんだら、指先や手をすり合わせるようにして、サラサラの状態に混ぜる。
❸ ❶を加え、以降は左の❸からと同じ。

蒸しパン
STEAMED BREAD

ほかほか、ほわほわ、粉のやさしいおいしさが感じられる素朴な蒸しパン。材料を揃えたら、ボウルの中でぐるぐる混ぜて型に流し込み、後は蒸し上げるだけ。本当に簡単な手順で、あっという間にでき上がります。特別な材料も不要、身近さが嬉しいレシピです。

蒸し立ての熱々を頬張れるのは、手作りならでは。冷めてしまったら、電子レンジなどで少し温め直すと、ふんわり感が戻ってよりおいしく食べられます。型は、陶器製のココットを使いました。熱の当たりがやわらかく、何より形が可愛いので、型ごとテーブルに出しても様になるところが魅力的。紙カップを入れずに直接生地を流して蒸せば、そのままスプーンですくって食べられます。

Sweet 1
スイートプレーン

スイートタイプの蒸しパンは、冷めてもおいしい卵を使ったまろやかな生地がベースです。素直な味わいのプレーンには、ジャムを添えても美味。グラニュー糖を黒糖やきび砂糖にかえたり、バニラビーンズやレモンの皮などで香りをつけたり、簡単なアレンジも楽しんでみて。

材料　直径7cmのココット6個分

A
- 薄力粉……85g
- ベーキングパウダー……小さじ1
- 塩……ひとつまみ

B
- 卵……1個
- グラニュー糖……50g
- 牛乳……70g
- サラダ油……25g

下準備
- 卵は室温に戻す。
- ココットに紙カップを敷く。
- 蒸し器に水を張り、火にかける。

作り方
1. ボウルにAを合わせてふるい入れる。
2. 別のボウルにBを順に加え、泡立て器でその都度よく混ぜる。
3. ❷を❶の中央に入れ、泡立て器かゴムベラでなめらかに混ぜ合わせる（A）。
4. 生地を型に流し入れ（B）、蒸気の上がった蒸し器に並べ（C）、13分ほど蒸す。

A

B

C

蒸し方アイデア　column

蒸し器がなくても、フタの付いたフライパンやお鍋があれば、蒸しパン作りは簡単に楽しめます。
型を取り出す際にはミトンやトングなどを使って、やけどには十分気をつけてくださいね。

ココットの場合
生地が膨らんだときにフタにくっつかないよう、深さのあるフライパンを使って。型が滑ったり動いたりしないためと、フライパンの内側を傷つけないために、キッチンペーパーを敷いてからココットを並べます。ココットの高さ½くらいまで熱湯を注ぎ、フタをして蒸せばOK。写真は直径28cmのフライパンで、ココットが7つ入りました。

丸型の場合
直径15cmの丸型なら、直径20～22cmのお鍋を使って。こちらも型を安定させるためとお鍋の内側を傷つけないために、キッチンペーパーを敷いてから型を入れます。型の高さ½くらいまで熱湯を注ぎ、フタをして蒸します。お鍋のときもフライパンのときも、空炊きにならないよう注意してくださいね。

ココットや丸型がない場合は……
耐熱性の容器であれば大丈夫。1人分ずつ作るのなら、プリンやマフィンのカップ、マグカップやコーヒーカップで。ひとつにまとめて蒸すのなら、大きめの器や鉢、ステンレスや耐熱ガラスのボウルなども使えます。

STEAMED BREAD

Sweet ❷
りんごの蒸しパン

りんごをごろごろっと入れた蒸しパンは、どことなく懐かしく、ホッとするようなおいしさを感じます。レーズンや蒸したさつまいもを合わせるのもおすすめ。ここではりんごの皮をむきましたが、気にならなければそのままでも。紅玉を使う場合、皮をむかずにきれいな赤を活かして作りましょう。

材料　直径7cmのココット7個分

A
- 薄力粉……85g
- ベーキングパウダー……小さじ1
- 塩……ひとつまみ

B
- 卵……1個
- グラニュー糖……50g
- 牛乳
  ……りんごの蒸し汁と合わせて70g
- サラダ油……25g

りんご……小1個
はちみつ……5g
レモン汁……小さじ½

下準備
- 卵は室温に戻す。
- ココットに紙カップを敷く。
- 蒸し器に水を張り、火にかける。

作り方

❶ りんごは皮と種を除いて2～3cm大の乱切りにし、電子レンジOKの容器に入れる。はちみつとレモン汁を加えてひと混ぜし、ラップをかけ、600Wの電子レンジで3分ほど加熱する。果肉と蒸し汁に分け、蒸し汁に牛乳を合わせて70g用意する。

❷ 生地を作る。ボウルにAを合わせてふるい入れる。

❸ 別のボウルにBを順に加え、泡立て器でその都度よく混ぜる。

❹ ❸を❷の中央に入れ、泡立て器かゴムベラでなめらかに混ぜ合わせる。

❺ 生地を型に流し入れ、りんごの果肉を適量ずつ埋めるように入れる。蒸気の上がった蒸し器に並べ、13分ほど蒸す。

Sweet 3
粒あんの蒸しパン

真ん中に粒あんを忍ばせた蒸しパンは、あんまんみたいな雰囲気があります。ちょっとおなかが空いた冬の午後、熱い日本茶と食べる蒸し立てのほかほかは、本当に格別。粒あんのほか、こしあんや白あん、桜の時季には桜あん、お茶の時季には抹茶あんでも。また、あんこと一緒に栗の甘露煮を入れてもおいしいですよ。

材料　直径7cmのココット7個分

A
- 薄力粉……85g
- ベーキングパウダー……小さじ1
- 塩……ひとつまみ

B
- 卵……1個
- グラニュー糖……50g
- 牛乳……70g
- サラダ油……25g

粒あん……70g

下準備
- 卵は室温に戻す。
- ココットに紙カップを敷く。
- 蒸し器に水を張り、火にかける。

作り方
❶ ボウルにAを合わせてふるい入れる。
❷ 別のボウルにBを順に加え、泡立て器でその都度よく混ぜる。
❸ ❷を❶の中央に注ぎ入れ、泡立て器かゴムベラでなめらかに混ぜ合わせる。
❹ 生地を型に流し入れ、中央に粒あんを10gずつ入れる。蒸気の上がった蒸し器に並べ、13分ほど蒸す。

Sweet ④
コーヒーメープルの蒸しパン

イメージは、メープルシロップでやさしい甘さを加えたミルクたっぷりのカフェオレ。生クリームを使い、ふんわりと蒸し上げました。これにシナモンを少しふりかけてもおいしい。

Sweet ⑤
抹茶とうぐいす豆の蒸しパン

抹茶とうぐいす豆のグリーンが溶け合った、はんなりとした和風味の蒸しパンです。うぐいす豆のほか、鹿の子金時や黒豆などでも。2台の小さな丸型に分けて蒸しました。

材料　直径7cmのココット6個分

A
- 薄力粉……85g
- ベーキングパウダー……小さじ1
- 塩……ひとつまみ

グラニュー糖……30g
卵……1個
生クリーム……60g
メープルシロップ……50g
インスタントコーヒー（粉末）……大さじ2

下準備
- 卵は室温に戻す。
- ココットに紙カップを敷く（そのまま使用してもOK）。
- 蒸し器に水を張り、火にかける。

作り方
❶ ボウルにAを合わせてふるい入れる。
❷ 別のボウルに卵とグラニュー糖を入れ、泡立て器でよく混ぜてグラニュー糖を溶かす。
❸ ❷、生クリーム、メープルシロップ、インスタントコーヒーを❶の中央に入れ、泡立て器で静かになめらかに混ぜ合わせる。
❹ 生地を型に流し入れ、蒸気の上がった蒸し器に並べ、13分ほど蒸す。

メープルシロップは、カエデの樹液を煮詰めて作られたもの。コクがあるのに上品で、切れのよい甘さが感じられます。お砂糖がわりの調味料として、お料理にもよく使っています。

材料　直径10cmの丸型2台分

A
- 薄力粉……80g
- 抹茶……5g
- ベーキングパウダー……小さじ1
- 塩……ひとつまみ

グラニュー糖……50g
卵……1個
生クリーム……100g
牛乳……20g
うぐいす豆（甘露煮）……40g

下準備
- 卵は室温に戻す。
- 型にオーブンシートを敷く。
- 蒸し器に水を張り、火にかける。

作り方
❶ うぐいす豆はフォークなどでつぶすか、包丁で細かく刻む。
❷ ボウルにAを合わせてふるい入れる。
❸ 別のボウルに卵とグラニュー糖を入れ、泡立て器でやや白っぽくなるくらいまで軽く泡立てる。
❹ ❸、生クリーム、牛乳、うぐいす豆を❷の中央に入れ、泡立て器で静かになめらかに混ぜ合わせる。
❺ 生地を型に流し入れ、蒸気の上がった蒸し器に入れて、20〜25分蒸す。

Brunch 1
ブランチプレーン

お料理と一緒に、蒸し立てにお好みのスプレッドを添えたり、チーズやハムをはさんだり。クセのないあっさりとした軽やかな生地だから、ロールパンみたいな感覚で、いろいろな食べ方を楽しんでみてください。

材料　直径7cmのココット6個分

A
| 薄力粉……80g
| コーンスターチ……20g
| ベーキングパウダー……小さじ1
| 塩……小さじ½

きび砂糖……15g
牛乳……120g
サラダ油……25g

下準備
- ココットに紙カップを敷く（そのまま使用してもOK）。
- 蒸し器に水を張り、火にかける。

作り方
❶ ボウルにAを合わせてふるい入れたら、きび砂糖を加え、泡立て器でぐるぐるっと混ぜて(A)均一になじませる。
❷ 牛乳とサラダ油を中央に注ぎ入れ(B)、泡立て器で静かになめらかに混ぜ合わせる(C)。
❸ 生地を型に流し入れ(D)、蒸気の上がった蒸し器に並べ(E)、13分ほど蒸す。

A

B

C

D

E

Brunch ②
ドライカレーの蒸しパン

揚げたり焼いたりのカレーパンに並んで、カレー蒸しパンのおいしさもなかなかのもの。型のままスプーンですくって食べられるココットだから、好きなだけ具材を入れることができます。トマトジュースで煮込んだ爽やかなカレーフィリング、たっぷりと入れて蒸し上げてくださいね。

材料　直径7cmのココット7個分

A
- 薄力粉……80g
- コーンスターチ……20g
- ベーキングパウダー……小さじ1
- 塩……小さじ½

きび砂糖……15g
牛乳……120g
サラダ油……20g

ドライカレー　※作りやすい分量
- 合挽き肉……150g
- 玉ねぎ……¼個
- にんじん……¼本
- カレー粉……大さじ1
- トマトジュース……100ml
- ウスターソース……大さじ1
- きび砂糖……小さじ¼
- 塩、こしょう、オリーブオイル……各適量

下準備
● ココットに薄く油（分量外）を塗る（そのまま使用してもOK）。

作り方
❶ 玉ねぎとにんじんはみじん切りにする。
❷ フライパンにオリーブオイル少々を熱し、玉ねぎ、にんじん、合挽き肉の順に炒め合わせる。軽く塩、こしょうをし、カレー粉を加えて炒めたら、トマトジュース、ウスターソース、きび砂糖を加え、ときどき混ぜながら煮詰める。水分がほぼ無くなったら、火を止める。
❸ 蒸し器に水を張り、火にかける。ボウルにAを合わせてふるい入れたら、きび砂糖を加え、泡立て器でぐるぐるっと混ぜて均一になじませる。
❹ 牛乳とサラダ油を中央に注ぎ入れ、泡立て器で静かになめらかに混ぜ合わせる。
❺ ❷を型の⅓程度入れたら、❹の生地を重ねて流し入れ、菜箸などでひと混ぜする。蒸気の上がった蒸し器に並べ、13分ほど蒸す。

ターメリック、コリアンダー、クミン、赤唐辛子など、数種のスパイスがバランスよくブレンドされたカレーパウダー。使う分量はお好みで加減して、辛みを決めて。

Brunch ③ ポテトとベーコンの蒸しパン

卵料理の付け合わせや、ちょっとしたおつまみにおいしいじゃがいもとベーコンの組み合わせを、蒸しパンでも。さつまいもで作っても、一味変わった面白い味わいになります。

材料　直径7cmのココット7個分

A
- 薄力粉……80g
- コーンスターチ……20g
- ベーキングパウダー……小さじ1
- 塩……小さじ½

- きび砂糖……15g
- 牛乳……120g
- サラダ油……20g

ポテトベーコン
- じゃがいも……1個
- ベーコン……50g
- 塩、こしょう、オリーブオイル……各適量

下準備
● ココットに紙カップを敷く（そのまま使用してもOK）。

作り方

❶ じゃがいもは皮をむいて、ピーラーなどで薄いささがき状にし、水にさらす。ベーコンは細切りにする。

❷ フライパンにオリーブオイル少々を熱し、水気を切ったじゃがいもとベーコンを入れ、炒め合わせる。じゃがいもが透き通ってきたら、軽く塩、こしょうをして火を止め、そのまま冷ます。

❸ 蒸し器に水を張り、火にかける。ボウルにAを合わせてふるい入れたら、きび砂糖を加え、泡立て器でぐるぐるっと混ぜて均一になじませる。

❹ 牛乳とサラダ油を中央に注ぎ入れ、泡立て器で静かになめらかに混ぜ合わせる。❷を加え、ゴムベラで全体を混ぜる。

❺ 生地を型に流し入れ、蒸気の上がった蒸し器に並べ、13分ほど蒸す。

Brunch ④ きのこクリームの蒸しパン

マッシュルームと長ねぎを香りよく炒め、生クリームでまとめた具材は、クリーミーなきのこグラタンを思わせるよう。スパイシーなカレー粉を隠し味に少し加えても美味です。

材料　直径7cmのココット7個分

A
- 薄力粉……80g
- コーンスターチ……20g
- ベーキングパウダー……小さじ1
- 塩……小さじ½

- きび砂糖……15g
- 牛乳……120g
- サラダ油……20g

きのこクリーム
- マッシュルーム……2パック
- 長ねぎ……½本
- 生クリーム……80g
- 粉チーズ……大さじ2
- 塩、こしょう、オリーブオイル……各適量

下準備
● ココットに薄く油（分量外）を塗る（そのまま使用してもOK）。

作り方

❶ マッシュルームと長ねぎは、粗めのみじん切りにする。

❷ フライパンにオリーブオイル少々を熱し、長ねぎ、マッシュルームの順にしっかりと炒め合わせる。生クリームを加え、少しとろみがついたら、粉チーズを加えて混ぜる。塩、こしょうで調味して、火を止める。

❸ 蒸し器に水を張り、火にかける。ボウルにAを合わせてふるい入れたら、きび砂糖を加え、泡立て器でぐるぐるっと混ぜて均一になじませる。

❹ 牛乳とサラダ油を中央に注ぎ入れ、泡立て器で静かになめらかに混ぜ合わせる。

❺ ❷を型の⅓程度入れたら、❹の生地を重ねて流し入れ、菜箸などでひと混ぜする。蒸気の上がった蒸し器に並べ、13分ほど蒸す。

Brunch 5
カマンベールと黒こしょうの蒸しパン

とろりととろけるカマンベールチーズに、粗く挽いた黒こしょうがアクセント。黒こしょうはしっかりとかけるのが人気です。スクエア型で作り、切り分けて食べる蒸しパンも、時には新鮮ですね。

材料　15cmのスクエア型1台分

A
- 薄力粉……80g
- コーンスターチ……20g
- ベーキングパウダー……小さじ1
- 塩……小さじ½

きび砂糖……15g
卵……1個
牛乳……60g
オリーブオイル……20g
粉チーズ……10g
カマンベールチーズ……1個（100g）
黒こしょう……適量

作り方

❶ カマンベールチーズを放射状に切り分け（ここでは16等分）、冷蔵庫に入れておく。
❷ ボウルにAを合わせてふるい入れたら、きび砂糖と粉チーズを加え、泡立て器でぐるぐるっと混ぜて均一になじませる。
❸ 溶いた卵、牛乳、オリーブオイルを中央に注ぎ入れ、泡立て器で静かになめらかに混ぜ合わせる。
❹ 生地を型に流し入れ、表面にカマンベールチーズを散らして、黒こしょうをふる。蒸気の上がった蒸し器に入れて、20分ほど蒸す。

下準備
- 型にオーブンシートを敷く。
- 蒸し器に水を張り、火にかける。

Brunch 6
にんじん蒸しパン

すりおろしたにんじんを混ぜ込んで、オレンジに染めました。食卓を明るくしてくれる、きれいな色の蒸しパンです。クリームチーズをのせ、塩をパラリとふって食べてもおいしい。

材料　15cmのスクエア型1台分

A
- 薄力粉……80g
- コーンスターチ……20g
- ベーキングパウダー……小さじ1
- 塩……小さじ½

きび砂糖……15g
牛乳……50g
オリーブオイル……25g
にんじん（正味）……100g

下準備
- 型にオーブンシートを敷く。
- 蒸し器に水を張り、火にかける。

作り方

❶ にんじんをすりおろす。
❷ ボウルにAを合わせてふるい入れたら、きび砂糖を加え、泡立て器でぐるぐるっと混ぜて均一になじませる。
❸ 牛乳とオリーブオイルを中央に注ぎ入れ、にんじんも加え、泡立て器で静かになめらかに混ぜ合わせる。
❹ 生地を型に流し入れ、蒸気の上がった蒸し器に入れて、20分ほど蒸す。

Brunch 7

たまごチーズ蒸しパン

たまご色の生地がやさしい印象の蒸しパンは、卵と粉チーズが入って、シンプルながらしっかりと食べ応えのある味わいです。油分にはオリーブオイルを使い、さらに風味を持たせてみました。ローストしたくるみやアーモンドを入れて、カリッとした歯触りを添えても。

材料　直径7cmのココット6個分

- A
  - 薄力粉……90g
  - ベーキングパウダー……小さじ1
  - 塩……小さじ¼
- きび砂糖……15g
- 卵……1個
- 牛乳……70g
- オリーブオイル……20g
- 粉チーズ……35g

下準備
- ココットに薄く油（分量外）を塗る（そのまま使用してもOK）。
- 蒸し器に水を張り、火にかける。

作り方

❶ ボウルにAを合わせてふるい入れたら、きび砂糖と粉チーズを加え、泡立て器でぐるぐるっと混ぜて均一になじませる。

❷ 溶いた卵、牛乳、オリーブオイルを中央に注ぎ入れ、泡立て器で静かになめらかに混ぜ合わせる。

❸ 生地を型に流し入れ、蒸気の上がった蒸し器に並べ、13分ほど蒸す。

材料 直径7cmのココット7個分

A
- 薄力粉……80g
- コーンスターチ……20g
- ベーキングパウダー……小さじ1
- 塩……小さじ½

- きび砂糖……15g
- 牛乳……120g
- サラダ油……20g
- 白すり胡麻……10g

煮豚 ※作りやすい分量
- 豚肩ロース肉……300g
- 長ねぎ……½本
- オレンジマーマレード……80g
- 酒……100ml
- しょう油……50ml
- 胡麻油……適量

下準備
- ココットに紙カップを敷く（そのまま使用してもOK）。

作り方
❶ 豚肩ロース肉は約2cm角に切る。長ねぎは斜め薄切りにする。
❷ 鍋に胡麻油を熱し、豚肉と長ねぎを入れ、中火でさっと炒め合わせる。オレンジマーマレード、酒、しょう油を加え、ひと煮立ちしたら弱火にし、豚肉がやわらかくなるまで煮る（1時間ほど）。
❸ 蒸し器に水を張り、火にかける。ボウルにAを合わせてふるい入れたら、きび砂糖とすり胡麻を加え、泡立て器でぐるぐるっと混ぜて均一になじませる。
❹ 牛乳とサラダ油を中央に注ぎ入れ、泡立て器で静かになめらかに混ぜ合わせる。
❺ 生地を型に流し入れ、❷を中央に埋めるようにのせる。蒸気の上がった蒸し器に並べ、13分ほど蒸す。

Brunch 8
煮豚入り蒸しパン

寒い季節になると恋しくなるのが、ほかほかの肉まん、角煮まん。生地をこねたり、具を包んだりする手間を省いて同じようなおいしさをと、こんなレシピができ上がりました。オレンジマーマレードで煮込む豚肉は、味が決めやすくてフルーティーな仕上がり。かかるのは煮込む時間だけ、とても簡単にできる煮豚蒸しパンです。

甘辛く味付けた鶏の照り焼きを入れてもおいしい。たとえば、晩ごはんを鶏の照り焼きにしたら、少し多めに作っておいて、翌日、おやつの蒸しパンに使います。

Brunch 9 高菜とナスの蒸しパン

胡麻油で炒めたナスにピリリと辛みの効いた高菜が合わさったトッピングは、小腹が空いた時のおやつにも、中華風のシンプルなスープとサラダを添えた軽めのランチにもぴったり。

材料
10cmのアルミ製スクエア型 3台分

A
- 薄力粉……80g
- コーンスターチ……20g
- ベーキングパウダー……小さじ1
- 塩……小さじ½

きび砂糖……15g
牛乳……120g
サラダ油……20g
すり胡麻……10g

トッピング
- ナス……2本
- 辛子高菜……30g
- 胡麻油……大さじ1
- しょう油、砂糖……各適量

下準備
● ナスは1〜1.5cmの角切りにして水にさらす。

作り方
❶ 辛子高菜は大きければ食べやすく刻む。

❷ 鍋に胡麻油を熱し、水気を切ったナス、辛子高菜を順に入れ、中火で炒める。ナスが少しやわらかくなったら、味を見て、好みでしょう油や砂糖少々で調味し、火を止める。

❸ 蒸し器に水を張り、火にかける。ボウルにAを合わせてふるい入れたら、きび砂糖とすり胡麻を加え、泡立て器でぐるぐるっと混ぜて均一になじませる。

❹ 牛乳とサラダ油を中央に注ぎ入れ、泡立て器で静かになめらかに混ぜ合わせる。

❺ 生地を型に流し入れ、❷を表面に散らす。蒸気の上がった蒸し器に並べ、15分ほど蒸す。

Brunch 10 コンビーフエッグ蒸しパン

何かと使い勝手のよいコンビーフをスクランブルエッグに合わせ、蒸しパンにこんもりとのせました。これにマヨネーズを混ぜたり、おしょうゆを少したらしたりしても、なかなかのおいしさ。

材料　直径7cmのココット7個分

A
- 薄力粉……80g
- コーンスターチ……20g
- ベーキングパウダー……小さじ1
- 塩……小さじ½

きび砂糖……15g
牛乳……120g
サラダ油……20g

コンビーフエッグ
- コンビーフ……小½缶（50g）
- 卵……1個
- 牛乳……大さじ1
- 塩、こしょう、オリーブオイル……各適量

下準備
● ココットに紙カップを敷く（そのまま使用してもOK）。
● コンビーフエッグの卵を溶いて、牛乳（大さじ1）と合わせる。
● 蒸し器に水を張り、火にかける。

作り方
❶ フライパンにオリーブオイル少々を熱し、コンビーフを入れ、ほぐしながら炒める。卵液を流し入れ、やわらかめのスクランブルエッグを作り、軽く塩、こしょうをして火を止める。

❷ ボウルにAを合わせてふるい入れたら、きび砂糖を加え、泡立て器でぐるぐるっと混ぜて均一になじませる。

❸ 牛乳とサラダ油を中央に注ぎ入れ、泡立て器で静かになめらかに混ぜ合わせる。

❹ 生地を型に流し入れ、❶を中央に埋めるようにのせる。蒸気の上がった蒸し器に並べ、13分ほど蒸す。

パンケーキ
PANCAKE

子どもの頃から大好きだったパンケーキ。フライパンで焼ける手軽さも嬉しく、ミックス粉がなくてもおいしく焼けることを知ってから、その存在がますます身近なものになりました。スイートタイプは、生クリームやアイスクリーム、フルーツなどと合わせて、スポンジケーキ感覚で。ブランチタイプは、チーズや甘くないスプレッド、サラダなどをのせて、食パン感覚で。いろんなアレンジでパンケーキを日々、楽しんでいます。

Sweet 1
スイートプレーン

やや薄手に焼き上げたふわふわのナイーブな生地は、メレンゲの力を借りて。卵白を泡立てるのはちょっぴり手間だけれど、ハンドミキサーを使えばあっという間。食べてみるとそのひと手間にも納得できる、やさしい口溶けのスイートなプレーンパンケーキです。

A

B

材料　約5枚分
薄力粉……100g
ベーキングパウダー……小さじ½
卵黄……1個分
卵白……1個分
グラニュー糖……20g
牛乳……100g
プレーンヨーグルト……30g
サラダ油……20g
塩……ひとつまみ

作り方
❶　ボウルに卵黄を入れて泡立て器で軽くほぐし、牛乳、プレーンヨーグルト、サラダ油を加えてよく混ぜる。薄力粉とベーキングパウダーをふるい入れ、なめらかに混ぜ合わせる(A)。
❷　別のボウルに卵白と塩を入れてハンドミキサーで軽くほぐし、グラニュー糖を少しずつ加えながら泡立てて、ツヤのあるメレンゲ(八分立て)を作る。
❸　❷のメレンゲを❶にひとすくい加え(B)、ぐるぐるっとよくなじませたら、❷のボウルに戻し入れて、ゴムベラで底から大きく手早く均一に混ぜ合わせる(C)。
❹　フライパンを熱し、生地をおたま1杯分程度を目安に流し入れる。表面がプツプツとしてきたら(D)ひっくり返して、両面をこんがりと焼く。

C

D

Sweet 2
ダブルベリーのショートケーキ仕立て

薄く小さく焼いたパンケーキ、5段重ねのショートケーキ風です。クリームはやわらかく泡立てて流すようにのせると、雪が積もったような可愛い佇まいに。

Sweet 3
ラムレーズンパンケーキ&アイスクリーム&ベイリーズ

ベイリーズはアイリッシュウイスキーとクリームがベースの甘いリキュール。ラムレーズン入りのパンケーキ、アイスクリーム、ベイリーズ、コーヒーの芳醇なハーモニーを。

材料
ミニショートケーキ仕立て1台分
- パンケーキ（プレーンのレシピで小さく焼いたもの）……5枚
- 生クリーム……50g
- マスカルポーネチーズ……50g
- グラニュー糖……大さじ½
- 好みのジャム、ラズベリー、ブルーベリー……各適量
- 仕上げ用の粉砂糖、チャービル……各少々

作り方
❶ ボウルにマスカルポーネチーズとグラニュー糖を入れて、泡立て器ですり混ぜる。生クリームを少しずつ加えて混ぜ合わせ、生クリームが全量入ったら、ふんわりとろりとした状態（七分立て程度）に泡立てる。

❷ 皿にパンケーキをのせ、ジャムを塗って、❶のクリームをのせる。同じ要領で、パンケーキ、ジャム、❶のクリーム、と交互に重ねていく。5枚積み上げて、上部をクリームでおおったら、ラズベリーとブルーベリーを散らす。チャービルをあしらい、粉砂糖をふわりとふりかける。

材料　2皿分
- ラムレーズン入りパンケーキ……2枚
- バニラアイス（市販）……適量
- スライスアーモンド……適量
- インスタントコーヒー（細かな粉末状のもの）……少々
- ベイリーズ……適量

下準備
● スライスアーモンドは160℃のオーブンで6～8分空焼きし、冷ます。

作り方
❶ ラムレーズン入りのパンケーキは、プレーンのレシピでプロセス❸の最後にラムレーズンを好みの量加えてゴムベラで混ぜ、同じように焼いて作る。

❷ 皿にパンケーキを盛り、アイスクリームをのせて、スライスアーモンドを散らす。ベイリーズをかけて、インスタントコーヒーをふりかける。

バニラアイスにリキュールをかけると、味の印象がガラリと変わります。ベイリーズのほか、チョコレートのリキュールも捨てがたいおいしさです。

Sweet 4
カラメルオレンジソース添え

フレッシュなオレンジを使ったカラメルソースをご紹介します。ほろりと苦みの効いた大人味のこのソースは、プリンの別添えカラメルソースに利用しても。

材料　2皿分
パンケーキ（プレーンのレシピで小さく焼いたもの）……4枚
カラメルオレンジソース……適量
レモンバームやミントの葉などのハーブ……あれば好みで

カラメルオレンジソース
オレンジ……1個
グラニュー糖……30g
水……小さじ1
グランマニエ……小さじ1

作り方
❶ カラメルオレンジソースを作る。オレンジは皮と薄皮をむき、適当な大きさに切る。
❷ 小鍋にグラニュー糖と水を入れて中火にかけ、鍋を揺らずに溶かす。縁の方から色づいてきたら、鍋を揺すって色を均一にし、好みの焦げ茶色になれば火を止め、オレンジを少しずつ加えてなじませる（再び中火にかけて軽く煮詰めても）。
❸ 粗熱が取れたらグランマニエを加えて混ぜ、冷蔵庫で冷やす。
❹ 皿にパンケーキを盛りつけ、カラメルオレンジソースをとろりとかける。好みでハーブをあしらう。

市販のクッキーとアイスクリーム、無糖で泡立てた生クリーム、カラメルオレンジソースをカップに重ねた、プチなクッキーパフェ。ソースが残ったら、こんな食べ方もどうぞ。

Sweet 5
栗のオムレット

オムレットは、気取りがなく、おやつらしいお菓子。クリームはスプーンでラフにのせてもいいけれど、ちょっぴりかしこまった雰囲気に絞り出してみました。

材料　2個分
パンケーキ（グラニュー糖をきび砂糖にかえ、プレーンのレシピで焼いたもの）……2枚
生クリーム……60㎖
栗の甘露煮のシロップ……小さじ1
栗の甘露煮、粉砂糖、きな粉……各適量

作り方
❶ 生クリームをボウルに入れ、栗のシロップを加えて泡立て器でふんわりと泡立てる（八分立て程度）。
❷ パンケーキを焼き色のきれいな面を下にして皿にのせる。星口金をつけた絞り出し袋で❶のクリームを絞り出し、栗の甘露煮を並べて二つ折りにする。
❸ 茶漉しなどで粉砂糖ときな粉をふりかけて仕上げる。

Brunch 1
ブランチプレーン

オリーブオイルを使い、甘さを抑えて作った生地は、朝食やブランチにぴったり。どんなアレンジも受け入れてくれる懐の深さがあります。トッピングを工夫するだけじゃなく、生地に様々な素材を混ぜて焼いたりして、オリジナルなパンケーキ作りにもチャレンジしてみて。

材料　約5枚分
薄力粉……120g
ベーキングパウダー……小さじ1
卵……1個
きび砂糖……10g
牛乳……100g
プレーンヨーグルト……30g
オリーブオイル……15g
塩……ひとつまみ

下準備
● 卵は室温に戻す。

作り方
❶　ボウルに薄力粉、ベーキングパウダー、塩を合わせてふるい入れたら、きび砂糖を加え、泡立て器でぐるぐるっと混ぜて均一になじませる。
❷　別のボウルに溶いた卵、牛乳、プレーンヨーグルト、オリーブオイルを入れて、泡立て器でよく混ぜ合わせる。
❶に加えて(A)、静かになめらかに混ぜ合わせる(B)。
❸　フライパンを熱し、生地をおたま1杯分程度を目安に流し入れる。表面がプツプツとしてきたら(C)ひっくり返して、両面をこんがりと焼く。

A

B

C

Brunch ❷
ソーセージとサルサソースのせ

ザクザク切ったシャキシャキレタスにこんがり焼いたソーセージをのせ、トマトや玉ねぎなどの野菜で作るフレッシュなサルサソースをたっぷりとかけた、メキシカンなアレンジ。こしょうはあれば、ミックスペッパーがおすすめ。パンケーキの上にスライスチーズを一枚のせてもおいしい。

材料　2皿分
パンケーキ（プレーンのレシピで焼いたもの）……2枚
レタス……4枚
ソーセージ……2〜3本
サルサソース……適量

作り方
❶　レタスは食べやすい大きさに切る。ソーセージは斜めにスライスし、フライパンでこんがりと焼く。
❷　焼き上がったパンケーキにレタスとソーセージをのせ、サルサソースを好みの量のせる。

サルサソース
材料　作りやすい分量
トマト……1個
玉ねぎ……⅛個
ピーマン……1個
（ここでは万願寺唐辛子を使用）
赤ピーマン……1個
オリーブオイル……大さじ1
ケチャップ……大さじ2
レモン汁……小さじ½
塩……小さじ½
こしょう、チリパウダー……好みの量

作り方
すべての野菜をみじん切りにしてボウルに入れ、調味料を加えて混ぜ合わせ、冷蔵庫で冷やす。

Brunch ③

スモークサーモンとカマンベールのおつまみパンケーキ

直径6cm前後に小さく焼いて、おつまみ素材をちょこちょこっとのせた、カナッペみたいなプチパンケーキ。今日はワインにも合うスモークサーモンと、生ハム＋カマンベールで。小さく何枚も焼くときは、面積が広くて熱まわりの安定しているホットプレートが便利です。

フランス生まれのフレッシュフレーバーチーズ、ブルサン。ガーリック＆ハーブ、エシャロット＆チャイブ、ペッパーなどの種類があります。パンケーキにもぴったり。

材料　各2枚分
パンケーキ（プレーンのレシピで小さく焼いたもの）……4枚
スモークサーモン……4枚
生ハム……2枚
カマンベールチーズ
……小さく切り分けたもの4個
サワークリーム、チャービル、
貝割れ大根、ピンクペッパー……各適量

作り方
スモークサーモン
焼き上がったパンケーキの上に、適当な大きさに切ったスモークサーモンとサワークリームをのせて、チャービルをあしらう。

カマンベール
焼き上がったパンケーキの上に、生ハムとカマンベールチーズをのせ、貝割れ大根をあしらう。ピンクペッパーを指でつぶしながら、好みでパラリと散らす。

Brunch 4
サバとオイルサーディンの素朴なリエットのせ

リエットは豚肉のものが最もポピュラーでしょうか。バゲットによく合うペーストのリエットをお魚で作って、ごく家庭的なぼそぼそとした食感に。プロセッサーでなめらかにしたものとはひと味違った、こんな粗削りなリエットも、なかなかいけます。

材料　各2枚分
パンケーキ（プレーンのレシピで小さく焼いたもの）……4枚
サバのリエット……適量
オイルサーディンのリエット……適量
レモン、イタリアンパセリや
タイムなどのハーブ……好みで適量

作り方
パンケーキにリエットをのせ、レモンをしぼる。好みでイタリアンパセリやタイムなどのハーブをあしらう。

サバのリエット
材料　作りやすい分量
サバ……おろしたもの1枚
オリーブオイル……大さじ½
にんにく……½かけ
白ワイン……大さじ2
粒マスタード……大さじ1
生クリーム……大さじ2〜3
塩、こしょう……各適量

作り方
❶ サバは皮と骨を除いて、ぶつ切りにする。にんにくはみじん切りにする。
❷ フライパンにオリーブオイルとにんにくを入れて火にかける。にんにくの香りが立ったらサバを加え、つぶしながら炒める（途中で白ワインをふる）。
❸ 白ワインのアルコールが飛び、サバがほどよくほぐれたら、粒マスタード、生クリームを加えて混ぜ、火を止める。味を見て、塩、こしょうで調味する。

オイルサーディンのリエット
材料　作りやすい分量
オイルサーディン……1缶（80g）
長ねぎ（白い部分）……8cm
粒マスタード……大さじ½
オリーブオイル……大さじ½
マヨネーズ……大さじ1
塩、こしょう……各適量

作り方
❶ オイルサーディンは油を切る。長ねぎはみじん切りにする。
❷ ボウルに❶のオイルサーディンを入れ、フォークなどでほぐす。長ねぎ、粒マスタード、オリーブオイル、マヨネーズを加えてよく混ぜ、味を見て塩、こしょうで調味する。

クレープ
CREPE

ちりちりひらひらと薄く焼いたクレープを、ティータイムやブランチに。お気に入りのお皿を選んでちょっとお洒落に盛り付ければ、自宅のダイニングキッチンでカフェ気分にひたれます。生地は、冷蔵庫なら30分以上〜ひと晩ほど寝かせておけるので、余裕を持って仕込んでおいても便利。その場合、焼く少し前に冷蔵庫から出して、室温になじませてから使います。のせたり、巻いたり、包んだり、自由な発想と遊び心でおいしい一皿を。

Sweet 1
スイートプレーン

スイートタイプは甘いアレンジを意識して、薄力粉に風味のあるアーモンドパウダーを合わせました。きれいに薄く焼けるよう、ゆるめの生地にしています。おたまに適量取り、フライパンに流し入れながら、フライパンを回すように動かして素早く均一に広げます。何枚か焼くうち、自然にコツがつかめてくるはず。

A

B

材料　直径約18cmのもの7～8枚分
薄力粉……40g
アーモンドパウダー……10g
卵……1個
グラニュー糖……10g
牛乳……120g
サラダ油……10g
塩……ひとつまみ

ヨーグルトソース（2皿分）
A ｜ 生クリーム……30g
　｜ グラニュー糖……小さじ1
プレーンヨーグルト……30g

カシスジャム、ドライブルーベリー、粉砂糖、ミントの葉……各適量

下準備
● 卵は室温に戻す。

作り方

❶ ボウルに薄力粉と塩を合わせてふるい入れ、アーモンドパウダーとグラニュー糖を加え、泡立て器でぐるぐるっと混ぜて均一になじませる。中央にくぼみを作り、溶いた卵とサラダ油を入れ、泡立て器でまわりの粉を少しずつ崩すようにしながら静かに混ぜる（A）。

❷ 牛乳を少しずつ加え、なめらかに混ぜる。ラップをかけ、室温で30分程度休ませる（B）。

❸ フライパンを熱してサラダ油を少量ひき、生地を適量流し入れ、薄く丸く広げて焼く。生地の周りが乾いて焼き色がついたら、裏返してさっと焼き（C）、皿などに取る。同じように続けて焼き、重ねていくとよい。

❹ ヨーグルトソースを作る。ボウルにAを入れ、泡立て器でふんわりと泡立てる（七～八分立て）。プレーンヨーグルトを加えてさっと混ぜる。

❺ 仕上げる。クレープをくるくるっと丸めて2～3本ずつ皿にのせ、❹をスプーンでかけ、ジャムとドライブルーベリーを散らす。粉砂糖をふり、ミントの葉を添える。

C

Sweet 2 チョコクリームクレープのアイスクリーム添え

クリームに使うチョコレートはビターでもセミスイートでもお好みのもので。ちょこっと添えてあると嬉しいアイスクリームは、チョコレートやラムレーズンを選んでもいいですね。

材料　2皿分
クレープ……4枚
チョコレートクリーム
A　製菓用チョコレート……30g
　　牛乳……小さじ2
生クリーム……100g
トッピング
板チョコレート、ピスタチオナッツ、ココアパウダー、粉砂糖、バニラアイスクリーム……各適量

下準備
- 製菓用チョコレートは細かく刻む
- 板チョコレートは細かく刻み、冷蔵庫に入れておく。
- ピスタチオナッツはフライパンで乾煎りして冷まし、細かく刻む。

作り方
❶ チョコレートクリームを作る。耐熱容器にAを入れ、電子レンジか湯煎にかけて溶かす。これを小さめのボウルに移し、生クリームを少しずつ、泡立て器で混ぜながら加える。全量入ったらふんわりと泡立てる（七〜八分立て）。
❷ 仕上げる。クレープに❶を適量ずつ塗り広げ、くるくるっと丸める。1本を半分に切って、4本ずつ皿にのせ、ココアパウダーと粉砂糖をふる。アイスクリームを添え、刻んだ板チョコレートとピスタチオナッツを散らす。

Sweet 3 バナナソテーと生クリーム添え

カラメル色に香ばしく焼けたバナナはとろけるおいしさ。少しの甘みとラム酒を加え、八分立て程度に泡立てた生クリームをたっぷりのせて、チョコレートソースで仕上げるのもおすすめ。

材料　2皿分
クレープ……4枚
バナナソテー
バナナ……小2本
グラニュー糖……大さじ2

とろりと泡立てた生クリーム、粉砂糖、ミントの葉……各適量

下準備
- バナナは皮をむいて1〜1.5cm厚さに切り、グラニュー糖をまぶす。

作り方
❶ バナナソテーを作る。フライパンを熱してバナナを並べ入れ、両面を香ばしくカラメル色に焼く。
❷ クレープを半月形になるよう二つ折りにし、2枚ずつ皿に重ねてのせる。泡立てた生クリームをスプーンなどでとろりと回しかけ、❶をのせる。粉砂糖をふり、ミントの葉を添える。

Sweet ④
ピーナッツバタークリームとナッツのクレープ

ピーナッツバターは加糖でも無糖でも、加えるはちみつの分量で好みの甘さに調節すればOKです。冷蔵庫にピーナッツバターがあったなら、こんなアレンジクレープを。

材料　2皿分
クレープ……2枚
ピーナッツバタークリーム
A｜ピーナッツバター……大さじ1
　｜はちみつ……5g
　｜塩……ひとつまみ
生クリーム……30g
トッピング
ピーナッツバター、くるみ、ヘーゼルナッツ、ピスタチオナッツ、粉砂糖……各適量

下準備
● くるみ、ヘーゼルナッツ、ピスタチオナッツはフライパンで乾煎りして冷まし、粗く刻む。

作り方
❶ 耐熱のボウルに生クリームを入れ、電子レンジにかけて軽く沸騰させる。Aを加え、とろりとなめらかな状態になるまでよく混ぜる。
❷ クレープを1枚ずつ皿にのせ、表面にピーナッツバターを薄く塗り広げ、三角形になるよう周囲を内側に折りたたむ。粉砂糖をふり、❶を好みの量スプーンなどでかけ、ナッツを中央にのせる。

Sweet ⑤
フレッシュストロベリーソース添え

普段使いのいちごジャムに、フレッシュないちごと少しのリキュールを合わせるだけで、手の込んだような本格的なフルーツソースができ上がります。パンケーキにもどうぞ。

材料　2皿分
クレープ……4枚
ストロベリーソース
A｜いちごジャム……大さじ3
　｜コアントロー……小さじ1
いちご……8〜10粒（約80g）

レモンバームの葉……適量

下準備
● いちごはヘタを取って、細かく刻む。

作り方
❶ ストロベリーソースを作る。小さめのボウルにAを入れてよく混ぜ、刻んだいちごを加えてさっと混ぜる。
❷ クレープを扇形になるよう四つ折りにし、2枚ずつ皿に重ねてのせる。❶を好みの量かけ、レモンバームの葉を添える。

Brunch 1
ブランチプレーン

ブランチタイプは全粒粉を使ったお食事アレンジに向くナチュラルな生地です。クレープ生地は出来上がってすぐでも焼けますが、休ませることで材料がつながって落ち着き、のびのよい生地に。焼き色がつきにくい樹脂加工されたフライパンを使用する場合、あればスプレーオイルをひと吹きすると、散らばったオイルがいい具合に焦げて、おいしそうな焼き色をつけてくれますよ。

材料　直径約21cmのもの6枚分
薄力粉……30g
全粒粉……20g
卵……1個
きび砂糖……5g
牛乳……120g
オリーブオイル……10g
塩……小さじ¼

下準備
● 卵は室温に戻す。

作り方
❶ ボウルに薄力粉と全粒粉、塩を合わせてふるい入れ、きび砂糖を加え、泡立て器でぐるぐるっと混ぜて均一になじませる。中央にくぼみを作り、溶いた卵とオリーブオイルを入れ、泡立て器で周りの粉を少しずつ崩すようにしながら静かに混ぜ合わせる。
❷ 牛乳を加え、なめらかな状態になるまで混ぜる。ラップをかけ、室温で30分程度休ませる。
❸ フライパンを熱し、生地を適量流し入れ、薄く丸く広げて焼く。生地の周りが乾いて焼き色がついたら、裏返してさっと焼き、皿などに取る。同じように続けて焼いて、重ねていくとよい。

Brunch ❷
焼きトマトのガレット風

焼いて甘みを引き出したトマト、おいしいですよね。胡麻に似た香ばしい風味を持ったルッコラを盛り合わせて、ちょっぴりイタリアンなガレットプレートです。

材料　2皿分
クレープ（プレーンのレシピで焼いたもの）……2枚
ミディトマト……2〜3個
ルッコラ……½パック
マヨネーズ、プレーンヨーグルト、天然塩、黒こしょう、
オリーブオイル……各適量

作り方
❶ 皿にクレープをのせて、4辺を内側に少し折りたたんで四角くととのえる。
❷ ミディトマトは縦に食べやすく切る。フライパンにオリーブオイルを熱し、ミディトマトをこんがりと焼く。
❸ ❶のクレープに、ルッコラと焼いたミディトマトを盛り合わせる。プレーンヨーグルトでのばしたマヨネーズを絞り出し袋か小さなビニール袋に入れ、細く絞り出して飾ったら、天然塩と黒こしょうをふりかける。

Brunch ❸
キャベツとベーコン、目玉焼き添え

炒め合わせたキャベツとベーコンを、カレー粉としょう油で味つけしました。ライトなスパイシーさが食欲をそそります。目玉焼きの黄身をくずして召し上がれ。

材料　2皿分
クレープ（プレーンのレシピで焼いたもの）……2枚
キャベツ……3〜4枚
ベーコン……2枚
カレー粉……小さじ¼
しょう油……小さじ1
卵……2個
クレソン、フライドオニオン、塩、こしょう、オリーブオイル
……各適量

作り方
❶ キャベツとベーコンは食べやすく小さめに刻む。フライパンにオリーブオイルを熱し、ベーコンとキャベツを炒め合わせる。キャベツがしんなりとしたら、カレー粉を加えてさっと混ぜ、しょう油を加えて火を止める。味を見て、塩、こしょうで調味する。
❷ 皿にクレープをのせ、❶を盛って、クレープでふわりと包む。
❸ 目玉焼きを焼いて❷の上にのせ、クレソンをあしらう。好みでフライドオニオンを散らし、目玉焼きに塩、こしょうをふる。

おわりに

粉もののお菓子は、新鮮なうちに食べるのが、いちばんのタイミング。
作り立てのおいしさは、手作りするからこそ楽しめる味わいでもあります。
どのお菓子もシンプルなプロセスででき上がるものばかりなので、
食べるその日に焼いてもらうのがベターですが、忙しい毎日の中では、
そうも言っていられませんよね。
作り置くことで生まれる時間と心のゆとりもまた、大切にしたいもの。
そこで、保存とリベイクについて、
私が普段とっている方法を簡単にご紹介しますので参考にしてみてください。

スコーン、マフィン&ケーキ、イージーブレッド
乾燥しないようポリ袋や密閉容器に入れ、翌日までなら常温で保存（具材を多く入れたものは、夏場は冷蔵庫へ）。

それ以降になる場合は、冷めたらすぐに1個ずつラップで包み（大きく焼いたものは切り分けておくと便利）、冷凍用保存袋や密閉容器に入れ、冷凍庫で10日間ほど。

食べる時は、電子レンジで解凍し、そのまま軽く温めて。または、冷蔵庫で自然解凍するか電子レンジで解凍した後、トースターやオーブンで温めると、香ばしくいただけます。その際こだわるなら、焦げないようアルミ箔で包んでトースターやオーブンに入れ、中まで温めた後、アルミ箔を外して少し焼き上げると、外側さっくり、中はふんわりです。

シフォンマフィンとスクエアケーキに関しては、冷凍後は冷蔵庫で自然解凍します。電子レンジ解凍もOKですが、加熱しすぎないよう注意を。

タルトとパイ
保存容器に入れ、当日中なら常温で、2〜3日なら冷蔵庫で保存します（p.56 チーズクリームタルトは当日から冷蔵庫へ）。食べる時、スイートタイプは冷たいままでも、常温でも。ブランチタイプは常温になじませるか、トースターやオーブンで温めて。

クッキー
湿気ないようできれば乾燥剤と共に密閉容器に入れ、常温で1週間ほど。冷蔵庫や冷凍庫に保存して、冷たいままコリコリッと味わってもおいしいです。

蒸しパン
乾燥しないよう1個ずつラップで包むか密閉容器に入れ、当日中なら常温で（具材を多く入れたものは、冷蔵庫へ）、翌日までなら冷蔵庫へ。食べる時は、電子レンジで軽く温めて、温かいうちに。でもやっぱり蒸しパンは、蒸し立てがいちばんおすすめです。

パンケーキ
乾燥しないようラップをかけて、当日中なら常温で。それ以降になる場合は、冷めたらすぐに1枚ずつラップで包み、冷凍用保存袋に入れ、冷凍庫で2週間ほど。食べる時は、電子レンジで解凍し、そのまま軽く温めて。食べる直前に、デコレーションやトッピングをして仕上げます。

クレープ
クレープは、混ぜて寝かせて焼くだけと手間が掛からないので、焼いたその日のうちにぜひ。保存を考えるなら、前日に生地を合わせて冷蔵庫へ入れておき、食べる当日に焼いて、デコレーションやトッピングをして仕上げます。ソースや具材は前もって作っておくと、スムーズです。

著者紹介

稲田多佳子

1968年12月、京都に生まれ育ち、現在も暮らす。
お菓子作りとお料理、おいしいものをこよなく愛する食いしん坊な主婦。
家庭で手軽に楽しく作れるレシピを主婦の目線で考案。
作る人も食べる人もハッピーになるようなお菓子とお料理がモットー。
主な著書は、夫のためのお弁当作りをまとめた『たかこさんのほめられ弁当』、
『たかこさんのお弁当　おかず便利帖』(ともに小社刊) ほか多数。

STAFF

お菓子制作、写真、スタイリング、文●稲田多佳子
ブックデザイン、イラスト●横田洋子
写真●内池秀人 (カバー、工程)、福森クニヒロ (工程)
校正●西進社

本書は2009年2月発行『たかこさんの粉ものお菓子　ブランチ＆ティータイムのお楽しみ』、2010年10月発行『たかこさんのクイックブレッド＆ケーキ　蒸しパン・マフィン・スコーン・クッキー etc. 粉好きさんのリピートレシピ81』(以上すべて稲田多佳子著／マイナビ発行)の内容を再編集し、新しい内容を加えた増補新版です。

たかこさんのバターを使わない粉ものお菓子

2015年2月28日　初版第1刷発行

著者　稲田多佳子
発行者　中川信行
発行所　株式会社マイナビ
　　　　〒100-0003　東京都千代田区一ツ橋1-1-1　パレスサイドビル
　　　　TEL 048-485-2383 (注文専用ダイヤル)
　　　　　　03-6267-4477 (販売部)
　　　　　　03-6267-4403 (編集部)
　　　　URL http://book.mynavi.jp

印刷・製本　図書印刷株式会社

- 定価はカバーに記載してあります。
- 落丁本、乱丁本はお取り替えいたします。お問い合わせは TEL：048-485-2383 (注文専用ダイヤル)、または電子メール：sas@mynavi.jp までお願いいたします。
- 内容に関するご質問は、出版事業本部編集第2部まではがき、封書にてお問い合わせください。
- 本書は著作権法の保護を受けています。本書の一部あるいは全部について、著者、発行者の許諾を得ずに無断で複写、複製(コピー)することは禁じられています。

ISBN 978-4-8399-5499-4

©2015　TAKAKO INADA
©2015　Mynavi Corporation
Printed in Japan